Décors & Créations de Noël

Décors & Créations de Noël

CAROL McCLEEVE

Sélection du Reader's Digest
PARIS • BRUXELLES • MONTRÉAL • ZURICH

SOMMAIRE

Décors et créations de Noël
est l'adaptation française de **Christmas Crafts**

ÉDITION ORIGINALE
Direction éditoriale et auteur associé :
Sarah Hoggett
Direction artistique : Roger Bristow
Mise en pages : Carol McCleeve
Photographe : Matthew Ward
Illustrations : David Ashby

ADAPTATION FRANÇAISE
Direction éditoriale : Gérard Chenuet
Responsables de l'ouvrage : José-Antoine Cilleros, Élisabeth Glachant, Paule Meunier
Lecture-correction : Catherine Decayeux, Emmanuelle Dunoyer, Béatrice Omer
Couverture : Claude Ramadier
Mise en pages : Michèle Andrault
Fabrication : Rebecca Herskovics, Frédéric Pecqueux

PREMIÈRE ÉDITION

ISBN : 2-7098-0712-2

Cartes et papiers-cadeaux

Décorer le sapin

Décorer la table

Décorer la maison

CARTES ET PAPIERS-CADEAUX

Un cadeau, c'est d'abord un joli paquet que l'on ouvre ou une belle carte que l'on lit ; n'est-il pas dommage de vous contenter de ces papiers uniformes et conventionnels, de ces cartes impersonnelles fabriquées en série, où personne ne distinguera votre empreinte ? Il est si agréable et si facile de faire de vos cartes de vœux et papiers-cadeaux des créations personnelles et originales... Votre famille et vos amis seront d'autant plus sensibles au bonheur d'être ainsi fêtés que vous aurez apporté beaucoup de soin et de temps à la présentation de votre cadeau.

La technique du pochoir est parfaitement adaptée à la décoration de ces supports et facile à apprendre. Le résultat est immédiat et, pour peu que l'on sache combiner des motifs complexes et des couleurs harmonieuses, souvent spectaculaire.

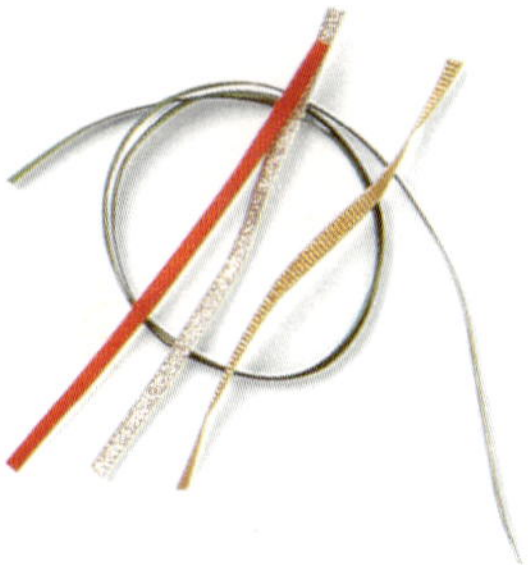

L'éventail des possibilités en la matière est tout simplement prodigieux. Du solide papier kraft au délicat papier de soie couleur arc-en-ciel, en passant par le papier journal, le papier mâché, le papier crépon, le papier buvard... Leur variété n'a d'égale que votre créativité. Ainsi, à partir d'un simple patron, pourrez-vous confectionner de superbes boîtes ou des pochettes-surprises. Et le plaisir de les utiliser ne se limitera pas à la période des fêtes. Astucieuses et élégantes, vos créations de Noël deviendront des coffrets à bijoux, des boîtes à souvenirs... Il vous suffit d'un peu d'imagination et de temps pour émerveiller votre entourage.

L'ensemble des motifs présentés ici consiste en un large échantillonnage de décorations au pochoir. Ainsi aurez-vous tout loisir de tester les différents matériaux et la palette des couleurs qui vous conviendront le mieux. Soyez inventif et laissez libre cours à votre fantaisie.

CI-CONTRE :
Cette éblouissante collection de cartes de vœux, boîtes et emballages-cadeaux a été réalisée à partir de motifs au pochoir (voir p. 26 à 34). Notez combien l'emploi de papiers ou de couleurs différents change l'aspect général du motif.

Faites vos cartes et enveloppes

Envoyer une carte faite et décorée à la main plutôt qu'une banale carte fabriquée en série est une délicate et touchante attention que vos amis apprécieront à sa juste valeur. Ici, vous apprendrez comment fabriquer une carte au format de votre choix.
Vous trouverez un patron pour une carte carrée p. 24.

Faire la carte

1 Tracez une ligne horizontale mesurant deux fois la largeur de la carte. Servez-vous d'une équerre pour tracer au crayon des traits verticaux afin de délimiter les côtés gauche et droit ainsi que le pli central.

2 Tracez une droite pour délimiter la hauteur de la carte. Utilisez l'équerre pour vérifier que les angles sont bien droits.

3 Munissez-vous d'une règle plate à bords métalliques et d'un couteau à dessin, puis coupez en suivant les contours de la carte.

4 Marquez légèrement le pli central à l'aide d'un couteau à dessin. Attention, n'appuyez pas trop fort, pour ne pas passer au travers.

5 Effacez les repères au crayon et pliez en suivant le tracé central. Votre carte est prête à être décorée.

À DROITE : *Toutes ces cartes ont été décorées de motifs au pochoir présentés p. 26 à 30. Pour personnaliser davantage vos cartes, vous pouvez y ajouter des papillotes de ruban ou un tour de dentelle, et, pourquoi pas, les saupoudrer de paillettes… histoire de leur donner un petit air de fête !*

Faire l'enveloppe

CI-DESSOUS : *N'oubliez pas que l'enveloppe doit être de 3 mm plus grande que la carte. Vous trouverez un patron d'enveloppe destiné à une carte de format carré p. 25. À vous de l'adapter si nécessaire.*

1 Si besoin est, adaptez le patron de la page 25 au format de votre carte. Ensuite, reproduisez-le sur une feuille de calque, en hachurant les contours.

2 Posez le calque sur la feuille de papier choisie pour confectionner l'enveloppe. À l'aide d'une règle et d'un crayon HB, décalquez alors le patron.

3 À l'aide d'une règle à bords métalliques et d'un couteau à dessin, découpez en suivant les contours de l'enveloppe.

4 Marquez le tracé des pointillés avec le couteau à dessin. Les pointillés indiquent l'endroit où vous plierez les rabats des côtés et du dessus lors de l'étape n° 6. N'oubliez pas d'effacer les traces de crayon.

5 Retournez l'enveloppe et mettez du ruban adhésif double face sur les rabats des côtés. Coupez le ruban adhésif en excès. Décollez la partie toilée du ruban adhésif à l'aide de la pointe du couteau à dessin.

6 Retournez à nouveau l'enveloppe et rabattez les côtés de façon à ce que la partie collante se trouve vers le haut.

7 Repliez l'enveloppe pour former une pochette. Enfin, appuyez sur le ruban adhésif double face.

Préparer un pochoir

1 Utilisez un crayon à mine dure. Après avoir choisi un motif, reportez-le sur du papier calque. Vous trouverez un vaste choix de décorations au pochoir destinées aux cartes et au papier cadeau p. 26 à 30.

2 Hachurez l'ensemble du motif à l'aide d'un crayon à mine tendre. Attention, n'oubliez aucune ligne.

CI-DESSOUS : *De nombreux matériaux conviennent à la préparation d'un pochoir. De haut en bas : du papier bulle huilé, de l'acétate, du papier calque quadrillé. Le papier bulle est le papier traditionnel pour pochoir, résistant et facile à couper. L'acétate est plus cher et plus difficile à couper mais peut être utilisé à plusieurs reprises, veillez à tracer les motifs sur la face non brillante. Vous pouvez aussi utiliser du papier pour pochoir, ou Opalux. Le calque quadrillé vous servira à agrandir ou réduire vos motifs.*

3 Retournez le calque et placez-le sur le papier que vous destinez au pochoir. Décalquez le motif en utilisant un crayon à mine dure.

4 Placez enfin votre pochoir sur un sous-main destiné à la découpe ou sur un morceau de carton épais. Découpez le motif avec un couteau à dessin, en suivant attentivement les contours.

À DROITE : *De nombreux types de papiers mettent en valeur les motifs au pochoir : épais, brillant, fin ou soyeux ; velin, artisanal ou recyclé… Quels que soient vos goûts et vos couleurs préférées, vous devriez trouver dans une bonne papeterie ou dans les grandes surfaces tout ce dont vous aurez besoin.*

Application de la couleur

1 Posez le pochoir sur le papier de votre choix. Maintenez-le, au besoin avec du ruban adhésif. Tenez la brosse à pocher à peu près verticale et appliquez la peinture à petites touches sur le pochoir.

2 Retirez le pochoir avec précaution pour que la peinture ne s'étale pas. Laissez sécher. Comptez quelques minutes de séchage pour la peinture à l'eau et jusqu'à 48 heures pour la peinture à l'huile.

À GAUCHE : *Matériel pour motifs au pochoir. Les brosses en poil de sanglier sont les meilleures : vous en trouverez de toutes les tailles. La gouache comme les pastilles de peinture à l'huile conviennent bien à la peinture des pochoirs. Dans ce dernier cas, étalez-les sur une palette ou un plat et recueillez-en une petite quantité sur votre brosse.*

3 Lorsque le motif est sec, collez un petit morceau de ruban adhésif double face à chaque coin du papier décoré. Retirez-le du support et placez-le sur une carte toute faite.

Carte traditionnelle

Cette élégante petite carte décorée de houx, ornée d'un rabat dissimulant un petit mot à l'attention de la personne aimée, est un merveilleux et émouvant souvenir de Noël. Le houx, qui symbolise la vie quand la nature est endormie, fait partie de la célébration de Noël depuis la nuit des temps.

1 Utilisez le motif au pochoir rectangulaire présenté au bas de la page 26. Appliquez de la peinture rouge partout, sauf aux quatre coins, c'est-à-dire sur les feuilles de houx.

MATÉRIEL

Pochoir (voir p. 26)
•
Carton/carton fin (type carte de visite)
•
Peinture pour pochoirs rouge et verte
•
Un crayon à papier
•
Ruban adhésif double face
•
Couteau à dessin
•
Brosse à pocher

CI-DESSUS : *Ce motif utilise deux couleurs différentes. Veillez à maintenir le pochoir fermement lorsque vous appliquez la deuxième couleur.*

2 Une fois la peinture rouge sèche, appliquez la peinture verte sur les feuilles de houx. Laissez sécher.

3 Placez la carte ainsi préparée sur un sous-main permettant la découpe et, à l'aide d'un couteau à dessin, découpez précautionneusement tout autour du motif.

4 Découpez un rectangle de carton blanc au format de l'espace blanc au centre du motif au pochoir. Ornez-le du motif de houx présenté p. 26.

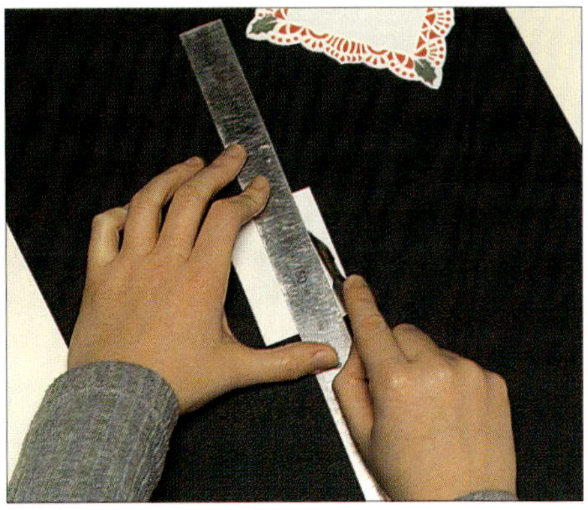

5 Tracez une ligne au crayon le long du grand côté du rectangle. Marquez-en le tracé au couteau à dessin.

6 Mettez-y du ruban adhésif double face et retirez-en la partie toilée. Vous pouvez alors coller la petite carte, ornée de houx, sur l'espace blanc au centre du rectangle.

Carte en relief

Ajoutez des tortillons de ruban à cadeaux rouge et vert et des nœuds dorés pour obtenir un superbe effet de relief ! Le pochoir correspondant à cette couronne de Noël est présenté p. 27.

MATÉRIEL

Papier de soie blanc
•
Pochoirs (voir p. 27)
•
Peinture pour pochoirs : rouge, rose, or, vert
•
Brosse à pocher
•
Une carte satinée
•
Colle universelle
•
4 nœuds dorés
•
Tortillons de ruban à cadeaux rouge et vert

CI-DESSUS : *Cette couronne faite de quatre couleurs est un motif au pochoir réalisé sur papier de soie. Ce dernier est ensuite collé sur une belle carte satinée. Vous pouvez reporter l'un des éléments du motif sur l'enveloppe pour l'assortir élégamment.*

1 À l'aide d'un compas, tracez deux cercles sur une feuille de papier de soie : l'un de 7,5 cm de diamètre, l'autre de 15 cm. Les deux cercles constituent l'intérieur et l'extérieur de la couronne.

2 Vous procéderez ainsi : Faites un premier pochoir pour les églantines et une partie des roses en bouton, que vous peindrez en rouge. Avec le second pochoir, vous peindrez en rose un certain nombre de roses.

3 Le troisième pochoir vous permettra de peindre en or les roses restantes.

4 Avec le quatrième pochoir, ajoutez les feuilles de lierre et de houx, que vous peindrez en vert. Puis découpez le bord extérieur de la couronne en suivant méticuleusement le contour.

5 Collez le papier de soie ainsi décoré sur une belle carte blanche satinée, sans le froisser. Collez ensuite les tortillons de ruban à cadeaux et les nœuds dorés, comme s'ils étaient piqués dans la couronne.

Carte-dentelle

Il suffit de peu de chose pour transformer un simple carton en une élégante et gracieuse carte de vœux : une bordure de dentelle, un beau motif et du papier de soie. Ces touches d'élégance donneront au destinataire la mesure de l'affection que vous lui portez.

CI-CONTRE : *Il vous faudra plusieurs pochoirs pour décorer cette carte (voir p. 27). La bordure de dentelle apparaît ici comme un raffinement supplémentaire. La feuille de papier ultrafin (voir étape n°2) ne doit pas dépasser la carte de support ; pour cela, prévoyez toujours 3 mm en moins.*

1 Décorez votre papier à pochoir avec les motifs p. 27, puis collez le ruban adhésif double face aux quatre coins. Fixez-y votre bordure de dentelle. Collez maintenant le papier décoré sur le carton.

2 Déposez un mince filet de colle universelle le long de la pliure centrale, à l'intérieur de la carte.

3 Découpez la feuille de papier ultrafin aux bonnes dimensions (voir légende ci-dessus). Pliez-la en deux et appliquez le bord de la pliure sur la colle. Ne refermez surtout pas la carte avant séchage complet.

MATÉRIEL

- Ruban adhésif double face
- Papier à pochoir
- Dentelle fine
- Une carte
- Colle universelle
- Papier de soie ou papier ultrafin

Décorez vos papiers-cadeaux

Quoi de plus triste et terne qu'un papier-cadeau tout uni ! Vous apprendrez à le décorer avec élégance grâce aux motifs au pochoir, lui donnant ainsi un air de fête. Nous verrons aussi l'art de froisser savamment le papier de soie avant de le décorer au pochoir.

MATÉRIEL

Papier de soie
•
Pochoirs (voir p. 31-34)
•
Peinture pour pochoirs
•
Brosse à pocher

La décoration au pochoir sur papier de soie

1 Placez votre pochoir sur le papier de soie. Appliquez la peinture par petites touches au travers des trous. Lorsque vous déplacez votre pochoir de gauche à droite, prenez garde à ne pas froisser le papier. Faites aussi attention au bon alignement des motifs.

2 Répétez l'opération jusqu'à décoration complète du papier. Laissez sécher. Le temps de séchage peut varier : de quelques heures à 1 ou 2 jours, selon la peinture utilisée. La feuille doit être maintenue bien à plat pendant toute la durée de l'opération.

Sculptez votre papier

1 Prenez une feuille de papier de soie et froissez-la en boule. Appuyez fermement en la froissant afin d'éliminer la pellicule de protection qui recouvre le côté brillant du papier.

2 Tout en aplatissant le papier avec la main, repassez-le – partie brillante retournée – avec un fer à basse température. Effectuez un mouvement du centre vers l'extérieur, afin d'éviter les plis disgracieux.

3 Placez le pochoir de votre choix en haut à gauche de la feuille. Appliquez la peinture jusqu'à décoration de la surface tout entière. Laissez sécher.

4 Placez correctement le second pochoir sur la feuille. Appliquez alors votre deuxième choix de couleur par petites touches sur les parties ajourées du motif.

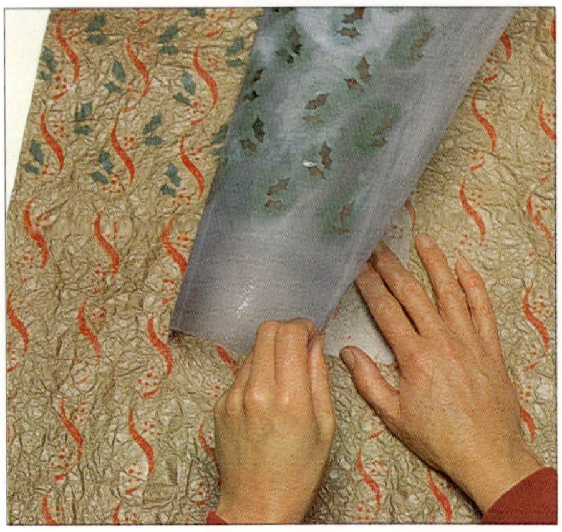

5 Procédez ainsi sur toute la surface du papier. Puis laissez sécher.

MATÉRIEL

Papier de soie
•
Fer à repasser
•
Pochoirs (voir p. 31-34)
•
Peintures pour pochoirs
•
Brosse à pocher

CI-DESSOUS : *La décoration au pochoir se pratique sur tous types de papiers : soie, crépon, ou même le classique papier kraft. Choisissez un papier en accord avec le cadeau. Le papier de soie se marie à merveille avec le raffinement d'un foulard en soie ou la délicatesse d'une porcelaine de Limoges. Un papier plus épais conviendra plus volontiers à l'emballage d'une lourde boîte. Les motifs au pochoir présentés ci-dessous sont disponibles p. 31 à 34.*

Des boîtes pour vos cadeaux

Les six pages suivantes sont consacrées à la fabrication et à la décoration de toutes sortes de boîtes pour vos cadeaux de Noël. Vous trouverez le patron p. 35. Si vous souhaitez modifier le format, faites-en une photocopie en réduction ou en agrandissement.

MATÉRIEL

Un crayon HB
•
Papier-calque
•
Un crayon 4B
•
Un morceau de carton, format 25 × 12,5 cm
•
Une règle plate en métal
•
Un couteau à dessin
•
Un sous-main de protection destiné à la découpe
•
Ruban adhésif double face

CI-DESSUS : *Le simple ajout d'un ruban rouge et vert donnera une touche élégante à vos boîtes. Servez-vous de chutes de carton pour confectionner une étiquette assortie. Effet garanti !*

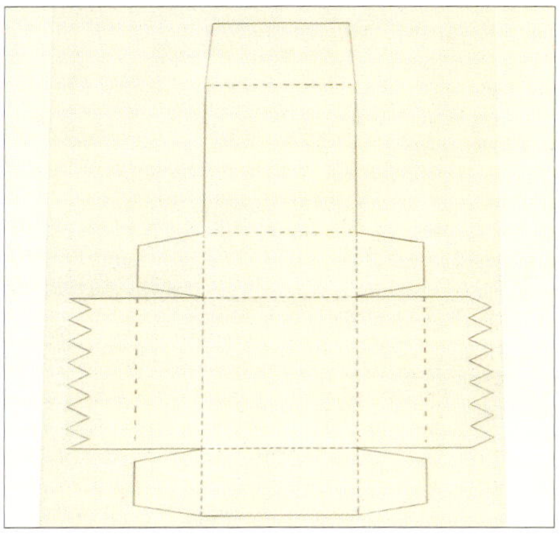

1 Reportez le patron de la page 35 sur du calque à l'aide d'un crayon HB. Les pointillés indiquent l'endroit des pliures.

2 Toujours sur le calque, hachurez le long des lignes à l'aide d'un crayon 4B. Prenez garde à bien passer à l'intérieur comme à l'extérieur.

3 Retournez le calque et placez-le sur le carton destiné à la boîte. Décalquez ensuite à l'aide d'un crayon HB et d'une règle plate, afin de suivre l'exact tracé du patron.

4 Placez maintenant votre carton ainsi préparé sur un sous-main de protection. Et, à l'aide d'un couteau à dessin et d'une règle plate en métal, découpez le long du tracé.

5 Marquez les pointillés avec le couteau à dessin. Surtout, n'appuyez pas trop fort de crainte de passer au travers !

Les rabats dentelés de cette délicate boîte verte lui donnent une note originale et vous permettront de préserver jusqu'à la dernière minute la surprise de votre cadeau.

6 En maintenant votre carton bien à plat, collez du ruban adhésif double face sur chacun des rabats (marqués d'une croix sur le patron). Puis retirez-en la partie toilée.

7 Maintenant, vous pouvez replier les rabats, en appuyant fermement pour les fixer. Votre boîte est fin prête. Il ne vous reste plus qu'à la décorer et à la… remplir !

Boîte à cadeaux

*Rien de tel qu'une garniture de papier
de soie d'une jolie couleur éclatante pour protéger
vos présents fragiles et ajouter au paquet une note raffinée.*

CI-DESSUS : *Le patron de cette boîte se trouve p. 35. Les rabats sont de la taille des côtés de la boîte, afin de la consolider. Pour lui donner davantage d'éclat, n'hésitez pas à ajouter des décorations comme ce nœud de mousseline et son bouquet de baies et de brindilles.*

MATÉRIEL

Un carré de 40 cm de carton orné de motifs au pochoir
•
Ruban adhésif double face
•
Un carré de 30 cm de papier de soie
•
Ruban de mousseline à armatures
•
Un bouquet de baies et de brindilles (voir p. 62-63)

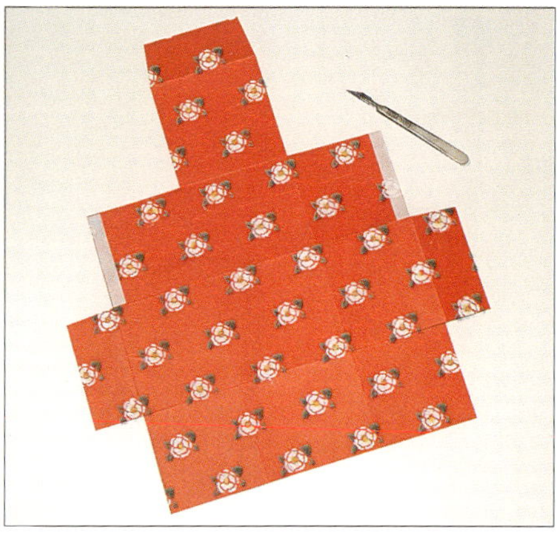

1 Découpez votre boîte selon le patron correspondant et marquez bien les lignes de pliure. Du côté décoré au pochoir, placez deux bandes de ruban adhésif double face sur les rabats droit et gauche du haut.

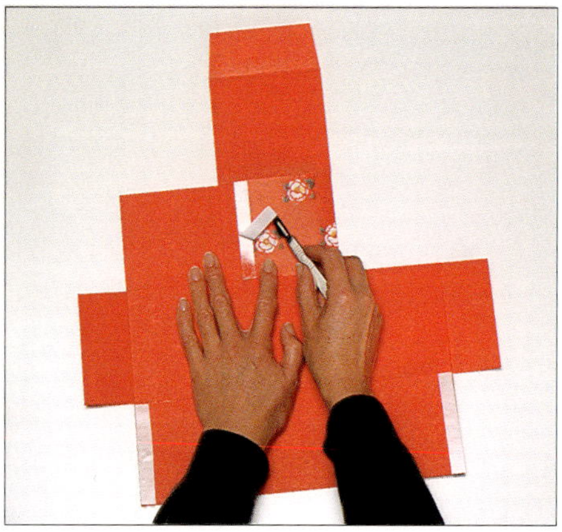

2 Retournez le carton et mettez deux autres bandes de ruban adhésif double face sur les rabats droit et gauche du bas. Puis retirez avec la pointe de votre couteau à dessin la partie toilée du ruban.

3 Relevez le dos de la boîte et alignez les rabats le long des lignes de pliure. Ensuite, ramenez l'avant de la boîte. Appuyez bien les rabats sur les côtés de la boîte, afin de la consolider.

4 Mettez des bandes de ruban adhésif double face sur les côtés de la boîte et retirez-en la partie toilée. Pliez les côtés et appuyez fermement.

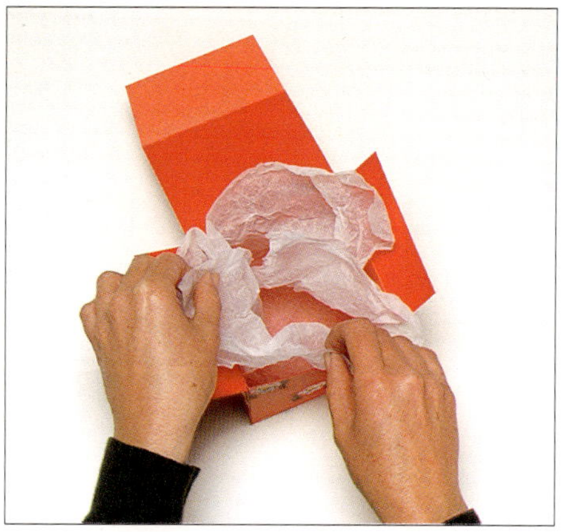

5 Mettez un morceau de ruban adhésif double face à l'intérieur de la boîte et retirez-en la partie toilée. Froissez gracieusement le papier de soie et faites-le adhérer au ruban adhésif.

Cornets de Noël

Ces élégants cornets vous permettront de présenter joliment bonbons ou petits présents. Faites-en de plus petits à accrocher au sapin de Noël.

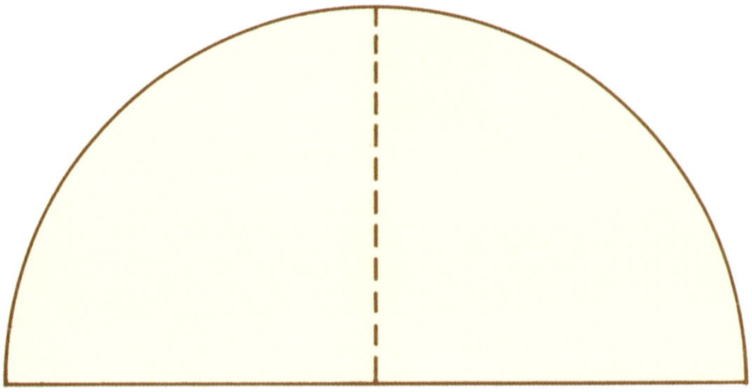

25 cm

CI-DESSUS : *Ces cornets de couleurs vives feront la joie de vos enfants. Faites en sorte que chaque enfant présent à la fête de Noël ait le sien.*

MATÉRIEL

Un carré de 30 cm de papier rigide décoré au pochoir
•
Ruban adhésif invisible
•
Une bande de 12,5 × 10 cm de papier crépon pour les franges
•
Colle à papier
•
Deux bandes de 50 × 2,5 cm de papier crépon pour la collerette
•
Fil de coton
•
Ruban adhésif double face
•
Ruban de 30 cm de long sur 3 mm de large

1 Dessinez un cercle d'un rayon de 12,5 cm sur du papier déjà décoré au pochoir. Après l'avoir découpé, pliez-le en deux et coupez le long de la ligne de pliure. Vous obtenez ainsi deux demi-cercles.

2 Pliez alors un demi-cercle en deux, le côté décoré du papier à l'intérieur. Appuyez fermement de façon à marquer la pliure.

3 Dépliez le demi-cercle. Puis, pointe en haut, roulez le papier en cornet, jusqu'à ce que l'extrémité – en forme de chapeau pointu – s'aligne parfaitement avec la pliure centrale.

CI-CONTRE : *Ce mini-cornet d'environ 8 cm de haut est l'accessoire idéal pour décorer l'arbre de Noël. Ne le chargez pas, il risquerait de peser trop lourd sur les branches. La garniture de dentelle ajoute une touche précieuse.*

4 Roulez le papier autour de la base du cornet, en partant de l'autre côté, jusqu'à ce que le versant gauche du sommet s'aligne, de haut en bas, avec la pliure centrale. Maintenez fermement.

5 Mettez du ruban adhésif invisible tout le long de la pliure centrale, afin de consolider l'arête du cône.

6 Passez le manche du couteau à dessin ou l'ongle de votre pouce sur le ruban adhésif, afin de le polir. Cela a l'avantage de le rendre particulièrement invisible et d'assurer une bonne adhérence.

7 Passons aux franges. Prenez la bande de papier crépon de 12,5 cm × 10 cm et pliez-la en deux à trois reprises.

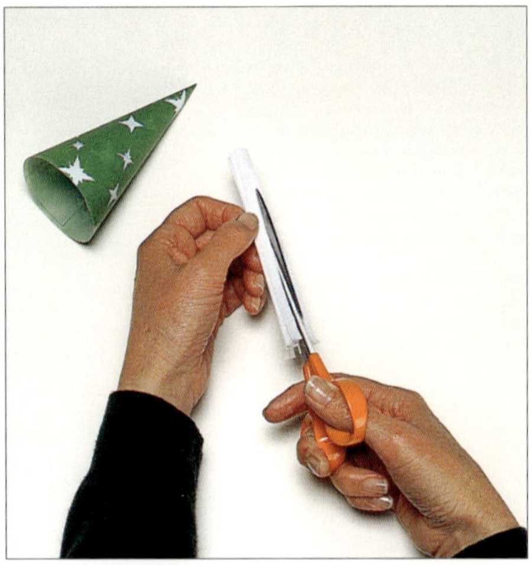

8 Faites trois entailles de même longueur sur la bande, en vous arrêtant à 1 cm du bout.

9 Pour insérer les franges, sectionnez la pointe du cône, en coupant environ 3 mm. Tordez la partie non fendue de la bande de crépon en une pointe fine. Introduisez-la dans le bout du cornet.

10 Mettez un point de colle à l'intérieur du cône. À l'aide d'un crayon ou de la pointe du couteau à dessin, assurez-vous qu'elles sont bien collées en les maintenant quelques instants en place.

11 Les deux bandes de crépon de 50 × 2,5 cm feront la collerette. Cousez-les l'une sur l'autre, tout du long, en doublant le fil.

12 Froncez en ramenant la bande à 20 cm. Fixez-la à l'ouverture du cornet à l'aide de petits morceaux de ruban adhésif double face.

13 Coupez 20 cm de ruban. Avec les chutes, confectionnez deux nœuds, que vous fixerez aux deux extrémités du ruban par un point de couture.

14 Collez le ruban de façon à former une anse. Ainsi pourra-t-il joliment pendre aux branches de l'arbre et porter bonbons et babioles légères.

Patrons pour cartes et enveloppes

CI-CONTRE :
Ce patron est destiné à une carte de 11,2 × 11,2 cm. Pour modifier le format, utilisez la fonction réduction ou agrandissement d'une photocopieuse. Vous trouverez p. 8 les indications pour fabriquer une carte, que vous pourrez ensuite décorer à l'aide des motifs au pochoir présentés p. 26 à 30.

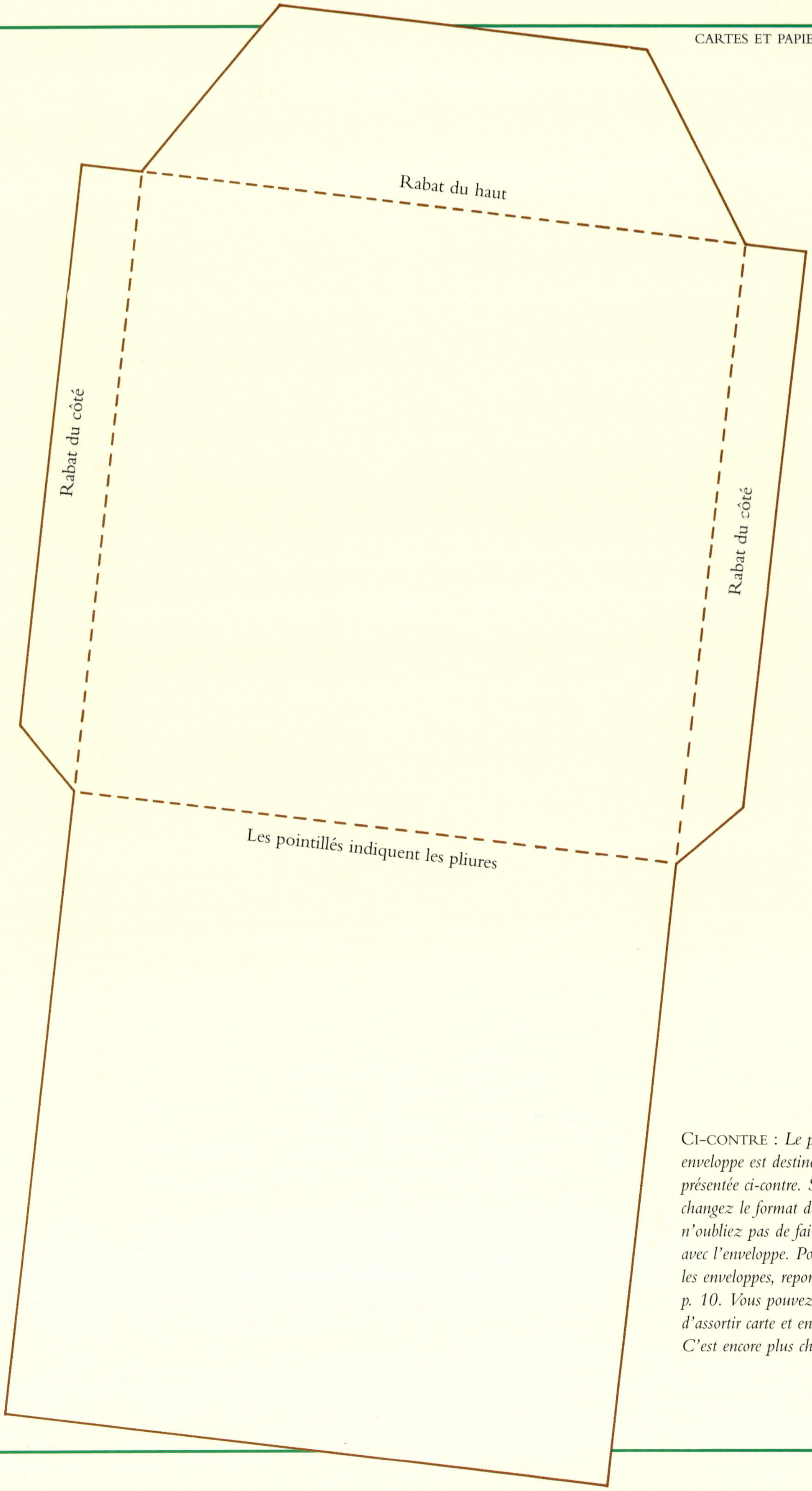

CI-CONTRE : *Le patron de cette enveloppe est destiné à la carte présentée ci-contre. Si vous changez le format de la carte, n'oubliez pas de faire de même avec l'enveloppe. Pour faire les enveloppes, reportez-vous p. 10. Vous pouvez aussi choisir d'assortir carte et enveloppe. C'est encore plus chic !*

Motifs au pochoir

CI-CONTRE : *Jaunes, vertes, bleues ou rouges, décorez ces joyeuses cloches de Noël comme bon vous semble. En parsemant le motif, une fois sec, de petites touches de peinture blanche, vous donnerez l'illusion de la neige qui tombe à flocons.*

CI-DESSOUS : *Motif de la bordure de la carte traditionnelle, p. 13.*

Symbole et tradition

CI-DESSOUS : *Motif du rabat de la carte traditionnelle, p. 13.*

Couronne de Noël

À DROITE : *Cette ravissante couronne utilise un motif au pochoir nécessitant quatre couleurs différentes. Faites un pochoir différent pour chacune d'entre elles dans la gamme suivante :*

Rouge ———
Rose ··········
Or —·—·—·—
Vert --------

Célébration florale

Houx, lierre, églantines et roses… Voici un festival de fleurs et de feuillages pour embellir vos cartes de Noël. Vous pouvez utiliser chacun des motifs séparément, pour agrémenter vos enveloppes et étiquettes-cadeaux, ou bien les combiner en une composition de votre choix.

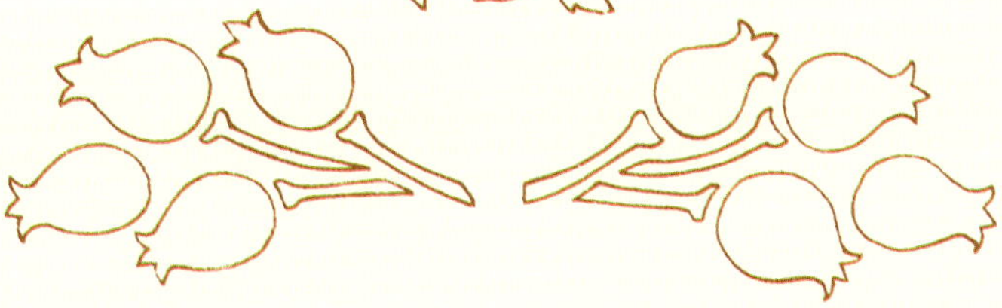

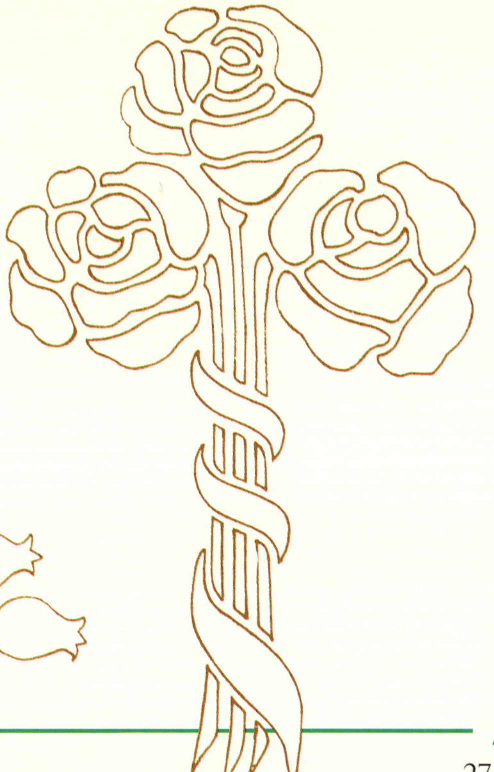

Le plaisir de la fête

Boules de Noël et guirlandes, bougies et angelots… Ces motifs inspirés de gravures du début du siècle perpétuent les traditions des Noëls de l'ancien temps.

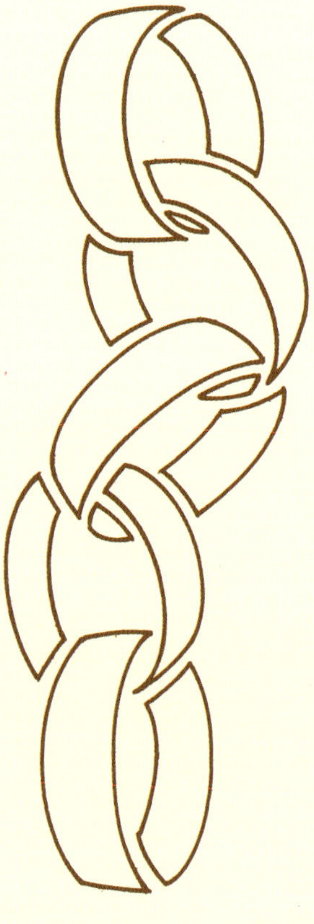

La magie de la symétrie

Le sapin illuminé, saupoudré de givre et surmonté d'une étoile, est le symbole de Noël par excellence. Ces motifs symétriques orneront joliment vos papiers-cadeaux.

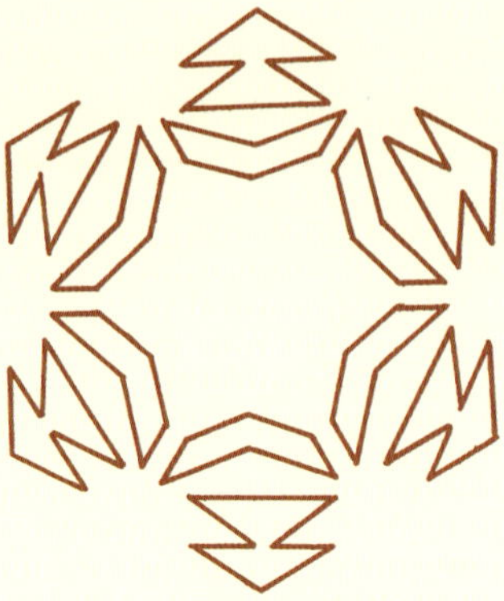

Folklore de Noël

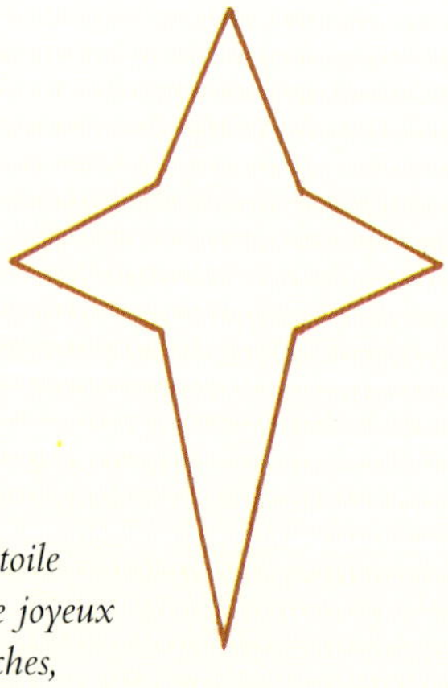

L'éclat d'une étoile
dans la nuit, le joyeux
carillon des cloches,
la jovialité du rouge-gorge
et nos deux bonshommes de neige
qui se tiennent
côte à côte…
Tout le folklore de
Noël est rassemblé !

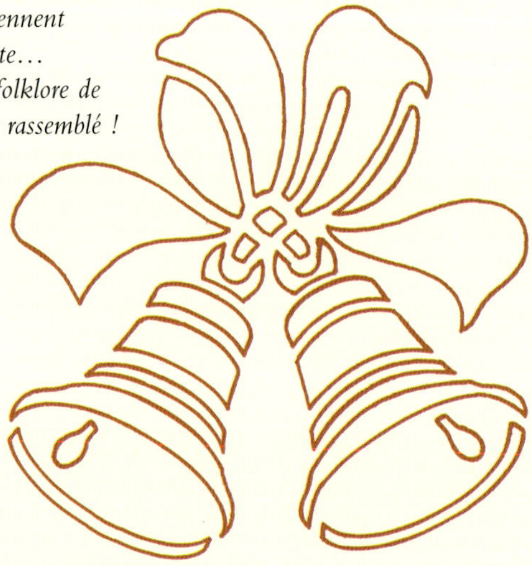

Papier-cadeau au poinsettia

Papier-cadeau décoré de houx et de rubans

Papier-cadeau parsemé de roses de Noël

Papier-cadeau étoilé

Patron pour boîte

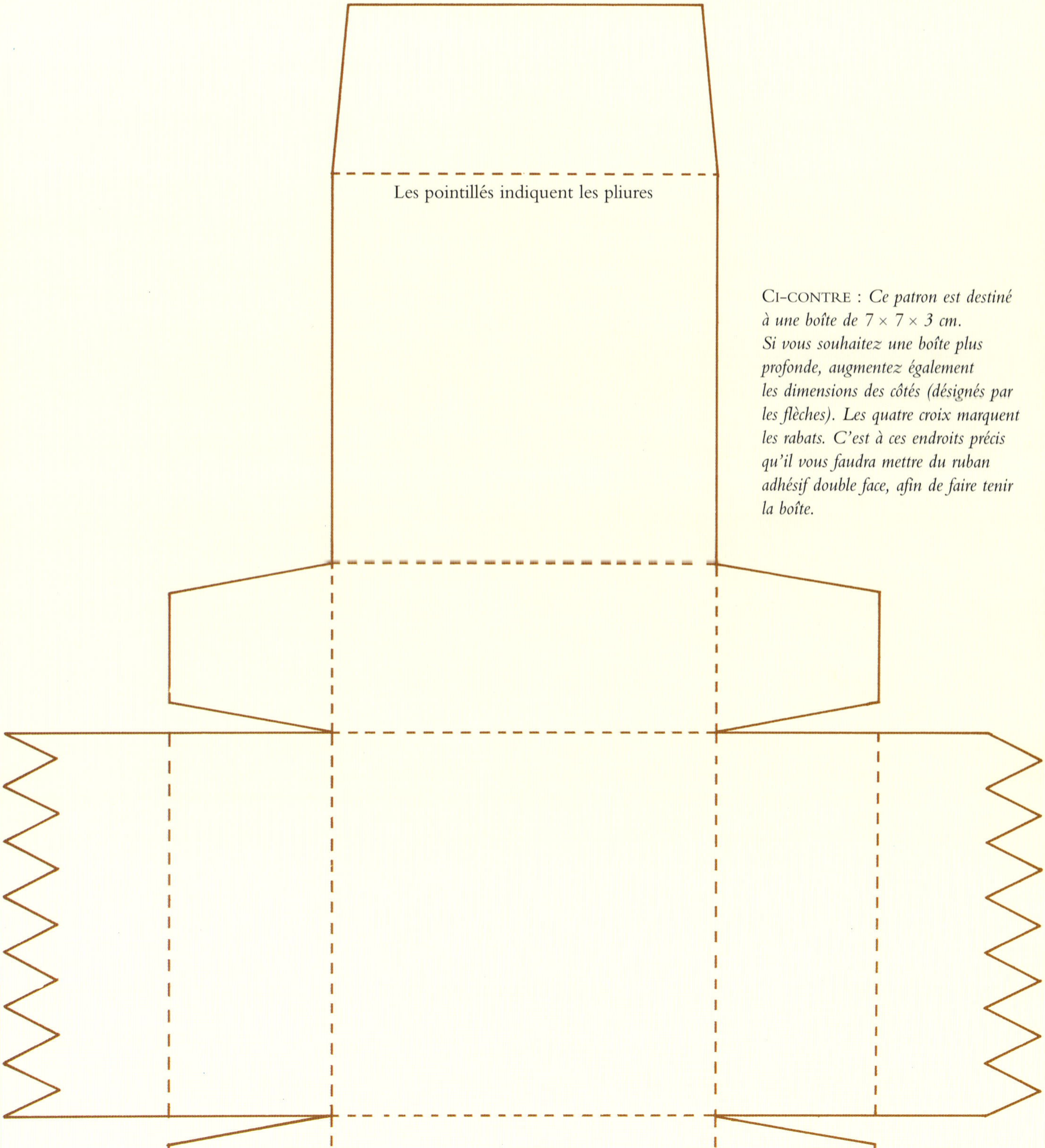

CI-CONTRE : *Ce patron est destiné à une boîte de 7 × 7 × 3 cm. Si vous souhaitez une boîte plus profonde, augmentez également les dimensions des côtés (désignés par les flèches). Les quatre croix marquent les rabats. C'est à ces endroits précis qu'il vous faudra mettre du ruban adhésif double face, afin de faire tenir la boîte.*

DÉCORER LE SAPIN

Quelle joie de préparer le sapin en famille ! On ressort les boules, les bougies, les figurines, et, si certaines sont abîmées, ce n'est pas un grand malheur, car voici quelques suggestions pour renouveler le décor du sapin. Chacun pourra ainsi confectionner l'un des ornements présentés et ajouter à l'ensemble sa touche personnelle. Qu'importe si les anges battent de l'aile au bout d'une branche ou si les guirlandes sont un peu de guingois, vos enfants seront si fiers de voir exposées leurs créations à l'admiration de tous.

Nous avons cherché à satisfaire les goûts de chacun et contenter toutes les générations, du traditionnel angelot qui coiffe gracieusement l'arbre au clinquant bac à surprises qui camoufle astucieusement le pied du sapin. Ici, rien de très difficile à réaliser et, en dehors de quelques élémentaires points de couture, il n'est besoin d'aucun savoir-faire particulier. Et vos charmants bambins peuvent très bien mettre la main à la pâte, à condition que vous restiez à proximité pour les aider. Quant au matériel, il est bon marché et vous pourrez vous le procurer facilement.

Pensez à offrir quelques-unes de ces décorations qui deviendront de ravissants cadeaux personnalisés, tels ces délicats sachets parfumés p. 50 et 51. Les gourmands aussi seront à la fête, sauront-ils résister aux aumônières de dragées (p. 42), délicieux mariage de raffinement et de simplicité ?

Les objets proposés dans ce chapitre ne sont que des suggestions, ne cherchez pas forcément à les réaliser scrupuleusement. N'hésitez pas, si le cœur vous en dit, à improviser, à modifier les couleurs, les formes ou les proportions, car l'essentiel est de s'amuser !

À GAUCHE : *Les fées, mini-couronnes, bottes de Noël, angelots et sachets parfumés qui ornent ce sapin sont faciles à réaliser et donneront à votre arbre de Noël un authentique air de fête.*

La fée de l'arbre

Cette fée scintillante aux ailes parsemées de paillettes et à la large ceinture brillante ornera magnifiquement votre sapin. Elle peut être cousue à la main ou à la machine.

MATÉRIEL

Pour une fée de 7 cm de haut :

Un carré de 30 cm de feutrine rose pour le corps
•
Fil assorti
•
Kapok
•
Cheveux pour poupées
•
Coton à broder noir, bleu et rose
•
Une grosse paillette rouge
•
Un petit nœud blanc pour les cheveux
•
50 × 10 cm de tulle blanc pour les ailes et 50 × 10 pour la jupe
•
25 × 10 cm de tulle doré pour les ailes et 50 × 10 pour la jupe
•
30 ou 40 paillettes en forme d'étoile
•
Ruban blanc armaturé en mousseline de soie : 50 cm de long sur 4 cm de large pour la large ceinture à nœud

CI-CONTRE : *Une fois la fée réalisée, n'hésitez pas à ajouter quelques touches personnelles qui compléteront le tableau – un collier de perles, un châle en mousseline, un nœud et des paillettes à la cheville...*

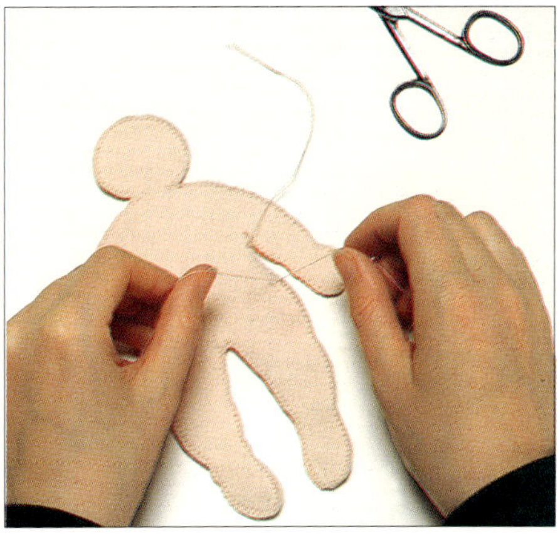

1 Découpez deux pièces de feutrine pour le corps et cousez-les ensemble en laissant une ouverture de 4 cm sous un bras pour le rembourrage. Faites un nœud pour arrêter le fil.

2 Rembourrez le corps de la fée avec du kapok en le répartissant bien. Refermez l'ouverture à petits points avant. Faites un nœud pour arrêter le fil.

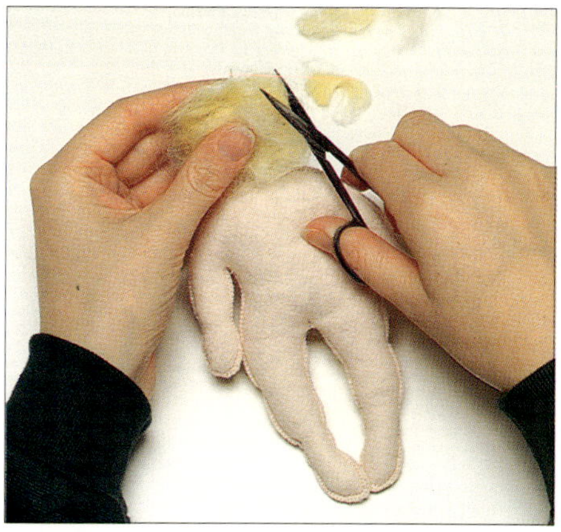

3 Disposez la chevelure autour du visage et fixez-la par quelques petits points avant. Attention, en cousant, à ne pas traverser les deux épaisseurs de feutrine. Égalisez les cheveux aux ciseaux.

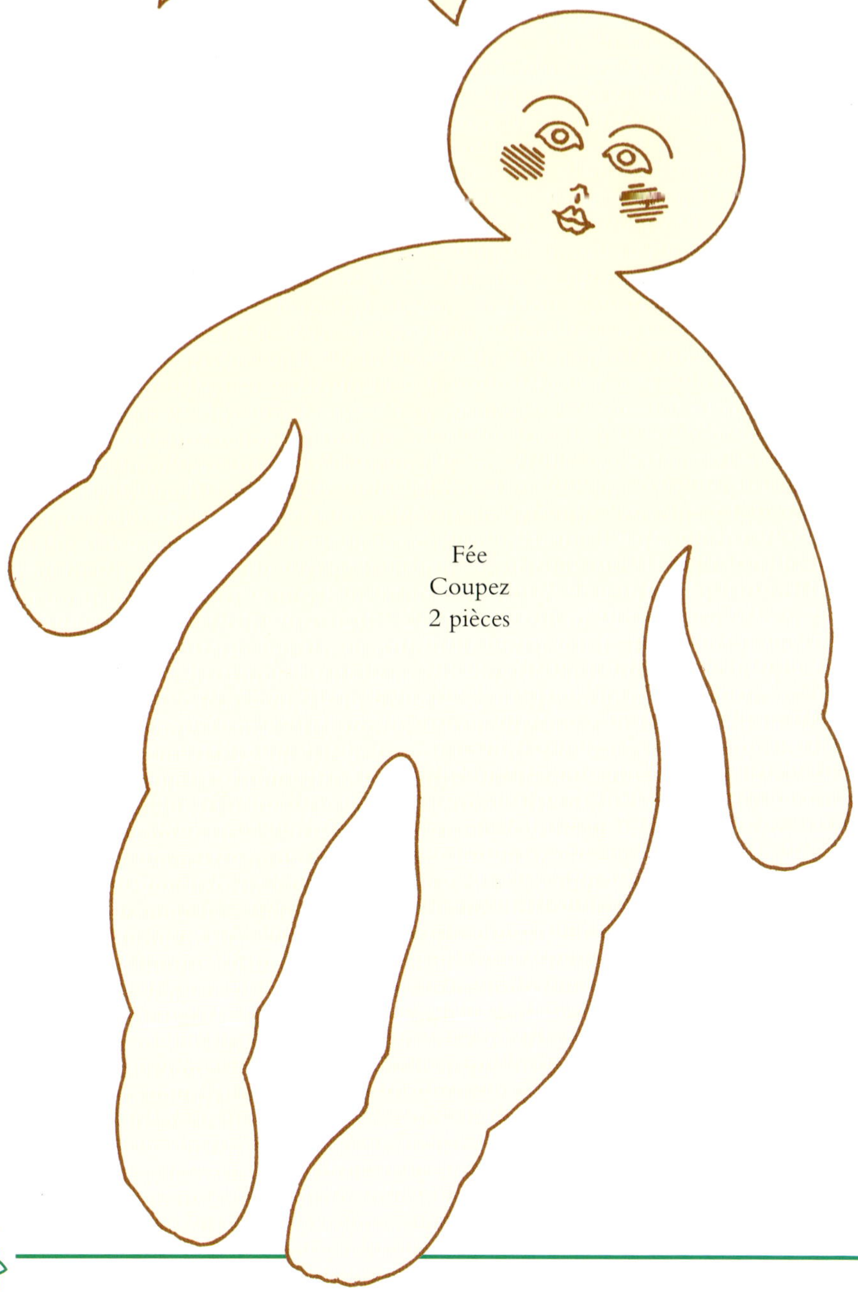

4 Faites quelques points avant pour dessiner les sourcils, le contour des yeux et le nez (voir patron). Figurez les prunelles, les joues et les lèvres au passé plat ou au plumetis.

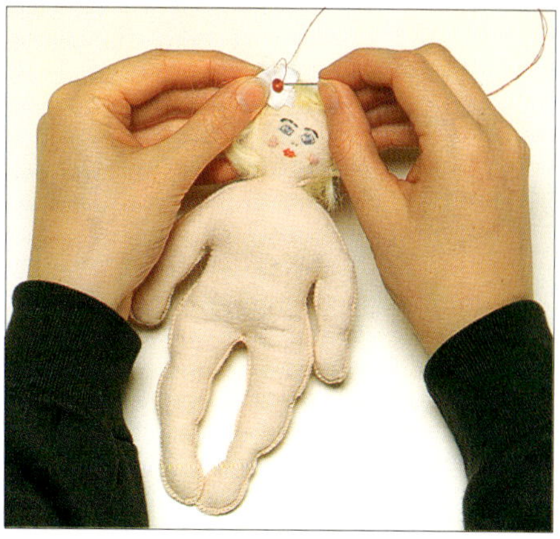

5 Fixez la paillette rouge au centre du petit nœud blanc, puis cousez-le sur un côté de la chevelure de la fée. Veillez à ne pas traverser les deux épaisseurs de feutrine en cousant.

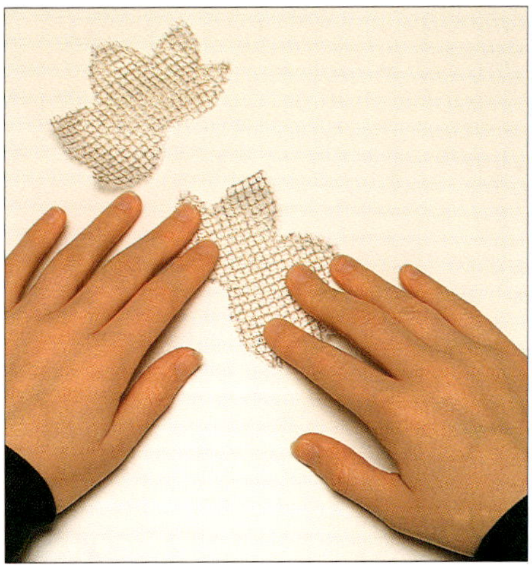

6 Pour chaque aile, découpez un morceau de tulle doré et deux morceaux de tulle blanc. Cousez-les ensemble par les bords en plaçant le tulle doré au-dessus.

7 Prenez quinze à vingt paillettes dorées en forme d'étoile et, en les espaçant harmonieusement, cousez-les sur la partie dorée des ailes. Elles brilleront de mille feux à la lumière.

8 Prenez les deux ailes par la base et faites-les se chevaucher. Puis placez-les ainsi dans le dos de la fée, la partie en tulle blanc en dessous. Cousez-les à l'endroit où elles se chevauchent et aux épaules.

9 Pour la jupe, placez les deux bandes de tulle l'une sur l'autre, la dorée au-dessus. Cousez à la lisière au point de bâti. Repliez trois fois et coupez en dentelant le bas de la jupe.

10 Faites des points avant coulissés tout au long de la bordure. Puis retirez les points de bâti. Froncez ensuite en tirant le fil jusqu'à ramener la jupe à une dimension de 9 cm environ.

11 Revêtez la fée de sa jupe, que vous fixerez bien avec quelques points avant. Attachez ensuite le ruban armaturé en mousseline de soie autour de sa taille en y faisant un joli nœud. Voilà pour la ceinture.

À DROITE : *Vous pouvez choisir différentes harmonies de couleurs pour la jupe et les ailes : dans un registre chaleureux et riche, vous pouvez allier un tulle moucheté d'or à de l'organza feuille-morte (à droite) ; dans des tons plus froids, essayez une combinaison de tulles vert bouteille et vert d'eau (page ci-contre, à droite).*

La baguette magique

MATÉRIEL

Une baguette en bois de 12,5 cm
(Vous pouvez lui donner une jolie couleur dorée avec une peinture en aérosol)
•
Colle universelle
•
Une étoile dorée
•
Ruban blanc de 15 cm de long sur 6 mm de large

Ruban blanc armé en mousseline de soie de 30 cm de long sur 4 mm de large

À DROITE : *Pas de fée sans sa baguette magique ! Les couleurs utilisées, doré pour l'étoile et blanc pour le ruban, sont assorties à la jupe et aux ailes.*

1 Fixez l'étoile à l'une des extrémités de la baguette avec un point de colle.

2 Collez ensuite le ruban blanc à l'une des extrémités et tordez-le en spirale tout autour de la baguette. Collez-le à l'autre extrémité.

3 Sous l'étoile, faites un joli nœud avec le ruban blanc armaturé en mousseline de soie. Égalisez bien les pointes du ruban.

Aumônières pour dragées

Ces belles aumônières remplies de dragées exciteront la convoitise de tous les gourmands et décoreront agréablement votre sapin. En plus, elles feront de charmants cadeaux pour vos invités.

CI-DESSUS : *Le rouge et le vert s'accordent à merveille pour cette aumônière nouée d'un élégant ruban or. Choisissez des dragées couleur pastel, comme le rose et le blanc, de façon à ce que leur ton ne jure pas avec l'aumônière.*

MATÉRIEL

Pour chaque aumônière :

•

2 carrés de 10 cm de tulle de différentes couleurs

•

3 dragées

•

Ruban : 45 cm de long sur 6 mm de large

1 Placez les deux carrés de tulle l'un sur l'autre.

2 Posez trois dragées au centre et ramenez les bords du tulle de façon à former un joli petit sac.

3 Pliez le ruban en deux et faites un point à 4 cm de la pliure. Tenez la boucle d'un côté de l'aumônière, et attachez le ruban de l'autre côté par un joli nœud ; la boucle permettra de la suspendre dans l'arbre.

À GAUCHE : *Le tulle est bon marché et peut s'acheter en petites quantités. Choisissez-le de plusieurs couleurs, que vous assortirez différemment. Ainsi, chaque aumônière sera unique en son genre.*

Mini-couronne

Cette couronne miniature se compose de feuilles et de baies artificielles. Ainsi pourrez-vous la réutiliser d'année en année, à condition d'en prendre soin. Mais, si vous le désirez, vous pouvez la confectionner avec des feuilles fraîches ou séchées.

MATÉRIEL

Pour chaque bouquet :
Un ruban rouge de 45 cm de long sur 6 mm de large
•
Une armature de couronne de 10 cm, en vente chez le fleuriste
•
Colle universelle
•
3 petits bouquets de baies artificielles
•
Feuilles vertes artificielles
•
Petites feuilles, de type hortensia, recouvertes de spray or ou argent
•
Du ruban à cadeaux vert, rouge, argenté...

1 Faites une boucle à une extrémité du ruban. Fixez-la par un point de couture. Collez le ruban tout autour de la couronne, et coupez l'excès. Avec les chutes, faites trois nœuds, que vous collerez sur la couronne.

2 Collez à intervalles réguliers les bouquets de baies artificielles et de feuilles vertes sur la couronne.

3 Enfin, collez les feuilles d'hortensia passées au spray or ou argent, de façon à recouvrir entièrement la couronne.

À DROITE : *De jolis tortillons de ruban apporteront une touche de couleur et d'éclat. Disposez-les selon votre goût, en prenant toutefois bien soin de recouvrir entièrement la couronne.*

L'arbre de Noël

Ce ravissant arbre de Noël en feutrine ne mesure que 9 petits centimètres ! Vous pouvez le confectionner avec les chutes de feutrine destinées aux bottes de Noël présentées p. 96 à 100.

MATÉRIEL

Un morceau de feutrine verte de 10 × 20 cm
•
Un ruban vert, pour la boucle, de 35 cm de long et 6 mm de large
•
Un ruban rouge de 12,5 cm de long et 6 mm de large
•
3 paillettes ou perles
•
10 paillettes en forme d'étoile
•
Un nœud rouge

CI-CONTRE : *Il faut absolument donner de l'éclat à une feutrine unie. Rien de tel pour cela que quelques décorations scintillantes, comme ces paillettes en forme d'étoile qui brilleront de mille feux dans votre sapin.*

1 Coupez deux pièces de feutrine verte en vous servant du patron ci-contre et cousez-les ensemble. Faites un nœud pour arrêter le fil.

2 Faites une boucle avec le ruban vert et cousez-la au sommet du sapin, à 6 cm de la pliure. Avec les extrémités, faites un joli nœud.

3 Torsadez le ruban rouge et cousez-le d'une extrémité à l'autre des branches les plus hautes de l'arbre. Faites de même avec le ruban argenté pour les branches intermédiaires.

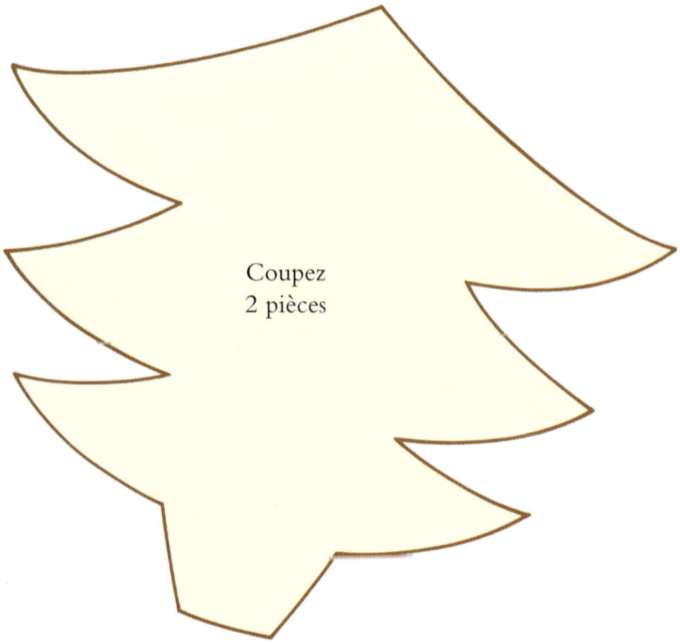

CI-DESSUS : *Donnez le ton en cousant de minuscules clochettes à l'extrémité des branches.* À GAUCHE : *Vous pouvez décorer les bords de la feutrine en faisant un zigzag de couleur à la machine à coudre.*

4 Cousez les paillettes en forme d'étoile à l'extrémité des branches les plus hautes et au centre du ruban rouge.

5 Faites de même à l'extrémité des branches intermédiaires et au centre du ruban argenté. Cousez les autres paillettes sur l'arbre à intervalles réguliers.

6 Pour finir, fixez un nœud rouge au pied de l'arbre par un point de couture. Coupez les extrémités du ruban en diagonale pour donner la touche finale.

Botte de Noël

Ces décorations sont la version petit format des bottes présentées p. 96 à 100. Remplissez-les de mini-jouets pour les enfants ou de bouchées au chocolat. Elles feront d'adorables ornements pour l'arbre de Noël.

MATÉRIEL

Pour chaque botte :

Un carré de 30 cm de feutrine rouge mouchetée d'or

•

Un morceau de 15 × 5 cm de feutrine blanche mouchetée d'or, pour le revers

•

Un ruban doré de 12,5 cm de long sur 6 mm de large, pour la bordure du revers

•

5 perles blanches

•

Ruban or de 35 cm de long sur 6 mm de large, pour la boucle

CI-DESSUS : *La feutrine rouge utilisée pour la plupart des bottes de Noël donne à cet objet un aspect flamboyant, rehaussé par les nœuds rouge, vert et argent.*

CI-DESSUS : *Un nœud rouge et une boucle verte ornée de petites clochettes apportent ici la touche décorative finale. Agrémentez chacune de vos bottes de Noël au gré de votre fantaisie.*

À GAUCHE : *L'éventail des modèles et des couleurs de feutrine offre de multiples possibilités. Celle-ci, mouchetée d'or, convient parfaitement à l'évocation de l'éclat des fêtes de Noël.*

1 Découpez deux pièces de feutrine en forme de botte. Cousez-les ensemble, tout près du bord, à la main ou à la machine. Laissez une ouverture en haut et faites un nœud pour arrêter le fil.

2 Découpez le revers d'après le patron ci-dessous. Pliez-le en quatre dans le sens de la longueur. Coupez le bas du revers en formant un V renversé. Dépliez-le et cousez du ruban doré au bord. Attachez une perle à chaque pointe.

3 Cousez le revers en haut de la botte en prenant soin d'aligner les pointes et les coutures. Faites un nœud pour arrêter le fil.

4 Pliez en deux le ruban destiné à la boucle. Cousez-le sur la couture au dos de la botte de Noël, à 6 cm de la pliure. Avec le reste du ruban, faites un joli nœud.

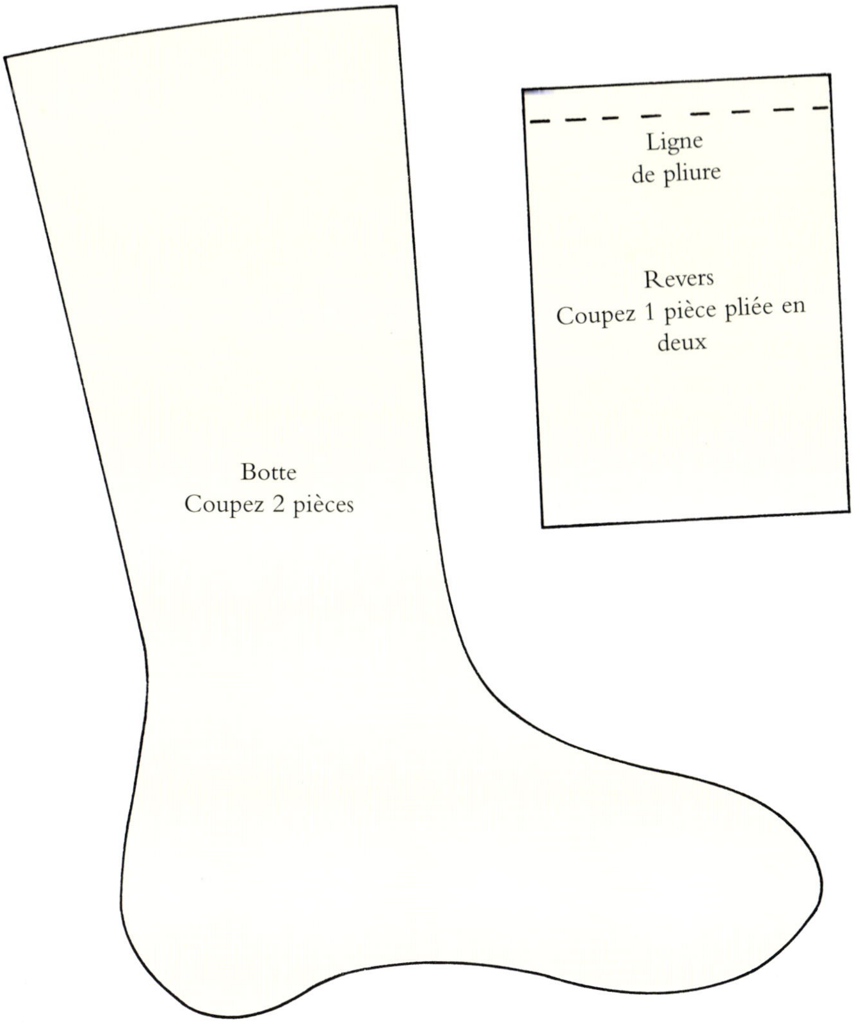

Petit ange de Noël

À l'instar de tous les autres ornements en feutrine, ce joli petit ange nécessite un minimum de couture. Et, pour ceux que l'aiguille rebute définitivement, il reste toujours la colle !

CI-DESSOUS : *La combinaison du vert et du bleu pour la jupe et les ailes donne un ensemble discret et harmonieux. Les paillettes sur les ailes et les cheveux ajoutent encore un petit air de fête.*

MATÉRIEL

Un morceau de feutrine rose pâle de 15 × 10 cm
•
Fil assorti
•
Cheveux pour poupées
•
2 petites perles bleues pour les yeux
•
Fil de coton à broder rouge

3 paillettes rouges
•
Tulle de 30 × 5 cm d'une couleur pastel
•
Tulle de 45 × 5 cm plus foncé
•
10 paillettes argentées et dorées
•
Ruban en 45 cm de long sur 6 mm de large

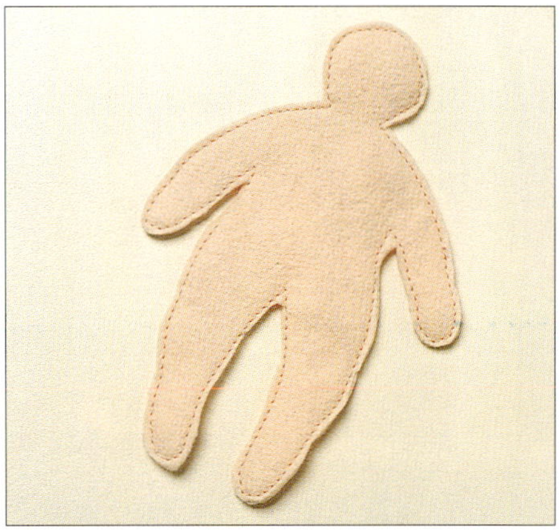

1 Découpez deux pièces de feutrine rose pâle pour le corps, en vous servant du patron ci-contre. Cousez-les ensemble, la couture bien au bord. Faites un nœud pour arrêter le fil.

2 Disposez la chevelure de l'angelot harmonieusement et fixez-la avec quelques points au sommet et sur les côtés de la tête. Surtout, ne traversez qu'une épaisseur de feutrine.

3 Pour les yeux, cousez les perles bleues. Pour la bouche, utilisez du fil de coton à broder rouge. Ajoutez enfin les paillettes rouges sur la chevelure de l'angelot, de façon à encadrer son visage.

4 Pour la jupe, coupez deux pièces de tulle de couleurs contrastées de 30 × 5 cm. Superposez-les et passez un fil de fronce sur toute la longueur en prenant les deux épaisseurs.

5 Découpez deux ailes gauches puis deux ailes droites dans le restant de tulle foncé, en vous référant au patron ci-contre. Cousez ensuite chaque paire d'ailes, que vous ornerez de paillettes dorées et argentées.

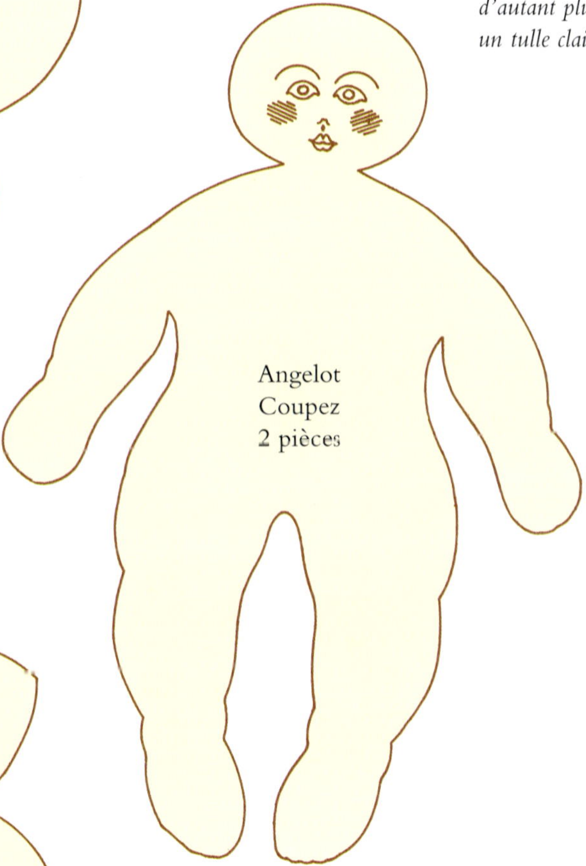

CI-DESSOUS : *La jupe et les ailes de ces angelots mêlent des couleurs vives et complémentaires. Essayez la combinaison de votre choix. Mais sachez que l'ensemble sera d'autant plus réussi que vous allierez un tulle clair et un tulle plus foncé.*

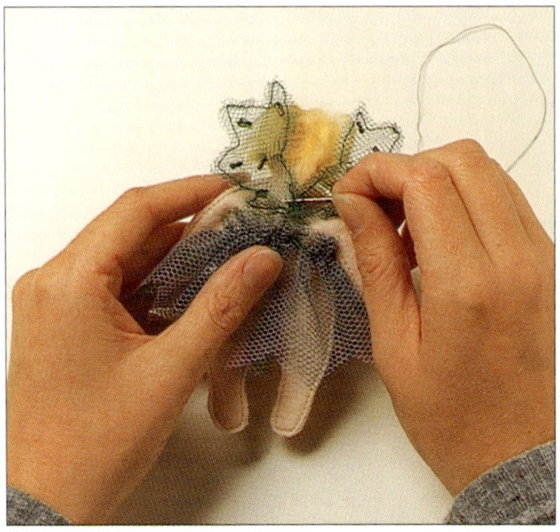

6 Placez la jupe sur le sujet et froncez-la en tirant sur le fil. Fixez-la autour du corps par quelques points. Réunissez ensuite les ailes en les faisant se chevaucher à la base et cousez-les au dos de votre angelot.

7 Pliez le ruban en deux et cousez-le au dos de l'angelot, à environ 7,5 cm de la pliure.

8 Ramenez le ruban restant sur le devant de la taille de l'angelot et faites un joli nœud, de façon à former une sorte de large ceinture. Coupez ensuite l'excès de ruban en diagonale.

Sachets parfumés

Confectionnez ces petits sachets remplis de lavande séchée pour les offrir ou suspendez-les dans le sapin pour parfumer la pièce. Brodez-les au point de croix en vous servant des motifs présentés p. 52 et 53.

Ci-dessous : *Un flocon de neige brodé est du meilleur effet sur un tissu foncé (vert mousse ici). Pensez à assortir le ruban destiné à la boucle et au nœud.*

Matériel

Pour un sachet :

Toile Aïda n°10 (10 count)
•
Fil à broder
•
Mousseline
•
Lavande séchée
•
Petites perles pour décorer

Ruban de passementerie de 30 cm de long sur 2,5 mm de large
•
Ruban pour la boucle : 35 cm de long sur 5 mm de large
•
Ruban pour le nœud : 17,5 cm de long sur 5 mm de large

1 Au centre d'un carré de toile Aïda de 6 cm de côté, brodez le motif au point de croix. Faites une piqûre le long des bords pour éviter l'effilochage. Arrêtez le fil avec un nœud.

2 Retournez les bords vifs sur l'envers. Piquez à la machine pour les maintenir en place. Faites un nœud afin d'arrêter le fil.

3 Découpez une pièce de 15 × 7,5 cm de mousseline. Pliez-la en deux dans le sens de la longueur pour former un carré.

4 Cousez le long de trois côtés. Laissez le quatrième ouvert. Retournez de façon à ce que les points se retrouvent à l'intérieur. Taillez légèrement le bord ouvert pour égaliser.

5 Cousez le carré de mousseline au dos du motif, en laissant libre le quatrième côté ouvert. Rentrez à l'intérieur du sachet les bords vifs de ce quatrième côté et marquez ces remplis avec l'ongle.

6 Remplissez le sachet de lavande ou d'un pot-pourri de votre choix. Fermez l'ouverture par un point de devant.

7 Utilisez maintenant le ruban de passementerie (30 cm × 2,5 mm) pour garnir le pourtour du sachet. Piquez-le à la machine pour le fixer. Ajoutez une perle à chaque coin.

8 Pour la boucle, prenez le ruban le plus long, pliez-le en deux. Cousez-le à l'avant du sachet à 6 cm de la pliure.

9 Cousez le ruban court en diagonale sur la couture de la boucle, en prenant soin que les deux extrémités de ruban soient de la même longueur. Faites un nœud.

10 Enfin, avec les extrémités du ruban utilisé pour la boucle, faites un second nœud. Vous aurez ainsi deux petits nœuds, cousus en diagonale l'un par rapport à l'autre. Égalisez bien.

Pot-pourri aux agrumes

Au parfum entêtant de la lavande vous pouvez préférer la saveur légère et acidulée du pot-pourri aux agrumes. Profitez des ressources de votre jardin pour le composer et présentez le reste de votre pot-pourri dans une coupe en porcelaine. Ajoutez des tonalités orange et jaunes avec des boutons de rose, des soucis… Il n'en sera que plus éclatant !

Un mélange de 500 ml de feuilles parfumées : thym, marjolaine, romarin, géranium ou citronnelle

•

25 g de racines en poudre

•

25 g de lavande

•

Écorce d'orange, de citron, de pamplemousse

•

4-6 gouttes d'huile essentielle de citron

•

Mélangez le tout et laissez reposer dans un endroit frais et sombre quelques semaines avant usage.

Motifs au point de croix

abcdefghijk
lmnopqrs
tuvwxyz
1234567890

Pommes de senteur

Piqués de clous de girofle puis séchés dans un mélange d'épices et de cannelle, ces kumquats, suspendus à de jolis rubans rouges, parfumeront délicatement votre intérieur d'une essence subtile rappelant l'odeur du vin chaud que l'on déguste en hiver lorsqu'il neige. Les pomanders odorants sont une façon originale et naturelle d'embaumer votre maison.

À DROITE : *Qui pourrait imaginer que cet objet aux allures de petite pomme de pin suspendue aux branches de l'arbre de Noël est en réalité un authentique diffuseur de parfum ? Vous pouvez aussi remplacer le kumquat par une orange ou un citron et utiliser du ruban et du galon brillants pour contraster avec les clous de girofle foncés.*

MATÉRIEL

Pour chaque diffuseur :

Une étroite bande de masquage ou ruban-cache
•
Un kumquat
•
20 à 30 clous de girofle
•
Ruban de 20 cm de long sur 3 mm de large
•
Colle universelle
•
Tortillons de ruban (voir p. 127)

Pour la poudre aromatique :

125 g de cannelle en poudre
•
125 g de piment ou de poivre de la Jamaïque
•
50 g de rhizome d'iris en poudre

1 Collez la bande de masquage autour du kumquat dans le sens de la longueur.

2 Avec un cure-dent, percez le kumquat de petits trous de chaque côté de la bande de masquage.

3 Introduisez les clous de girofle dans les trous.

4 Tournez le kumquat à 90° et percez-le d'une deuxième série de trous. Introduisez les clous de girofle jusqu'à le recouvrir entièrement.

5 Placez les kumquats dans une coupe et recouvrez-les entièrement de poudre aromatique. Laissez reposer 3 à 4 semaines, en les retournant chaque jour de façon à ce qu'ils sèchent uniformément.

6 À l'issue de ce délai, retirez-les de la poudre aromatique et ôtez la bande de masquage, que vous remplacerez par du ruban.

CI-DESSOUS : *Pour rehausser l'éclat de vos pommanders odorants, utilisez des rubans de couleurs vives qui contrasteront joliment avec le vert sombre de l'arbre. Faites de longues boucles afin que ces pommes de senteur pendent gracieusement comme des pompons aux branches du sapin.*

7 Faites ensuite une boucle avec les extrémités du ruban pour accrocher le pomander dans l'arbre. Coupez le ruban en trop.

8 Collez les serpentins de ruban sur le pomander (voir p. 127). Il est fin prêt !

Biscuits de Noël

Voilà l'occupation rêvée pour vos enfants : de délicieux biscuits qu'ils pourront confectionner et décorer avec vous... avant de les manger ! En principe, il ne faut pas les conserver plus de 1 semaine, mais nous sommes sûrs qu'aucun ne durera assez longtemps pour être périmé !

CI-DESSUS : *Veillez à suspendre ces décorations hors de portée des gourmands ! Si l'angélique ou les cerises confites font de ravissants ornements, la palme revient incontestablement aux bonbons argentés, qui sont du meilleur effet !*

RECETTE DE BASE

Pour les biscuits :

75 g de beurre
•
40 g de sucre en poudre
•
25 g de farine de maïs
•
75 g de farine de blé
•
Un moule à gâteau de 17,5 × 25 cm

Préchauffez le four à 150 °C. Dans un bol, mélangez le beurre et la moitié de la quantité de sucre à l'aide d'une cuiller en bois jusqu'à obtenir une pâte légère et onctueuse. Ajoutez la farine de maïs, la farine de blé et le reste du sucre. Déposez la pâte dans le moule. Chemisez le fond de pâte avec du papier sulfurisé - ou ciré - Recouvrez-le de haricots secs ou de lentilles séchées. Enfournez pendant 30 minutes. Retirez du four. Laissez tiédir puis coupez les biscuits en leur donnant la forme désirée. Disposez-les ensuite sur une grille et décorez-les avant complet refroidissement.

Pour le glaçage :

250 g de sucre glace
•
6 cuillerées à dessert d'eau chaude

Ajoutez l'eau chaude au sucre glace jusqu'à obtenir une pâte lisse.

ÉTOILE DE NOËL

Pour la décoration :

Pailles
•
Une dose de glaçage
•
Pépites de chocolat
•
Bonbons argentés
•
Ruban de 20 cm de long sur 6 mm de large

1 Introduisez une paille dans le haut de vos biscuits.

2 À l'aide d'un couteau plat, garnissez chaque biscuit de glaçage. Faites vite avant qu'ils ne refroidissent et ne deviennent cassants.

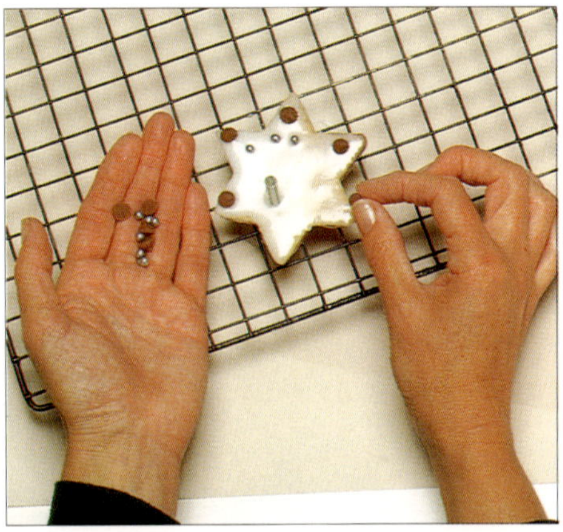

3 Décorez-les de pépites en chocolat et de bonbons argentés. Laissez refroidir. Enfermez-les dans une boîte hermétique pendant 2 jours pour que le glaçage durcisse.

4 Afin de ne pas écailler le glaçage en retirant les pailles, retournez le biscuit sec et retirez précautionneusement la paille du trou.

5 Pliez le ruban en deux et introduisez l'extrémité repliée dans le trou du biscuit. Procédez d'arrière en avant pour préserver le glaçage. Puis faites passer les extrémités du ruban dans la boucle et tirez en serrant.

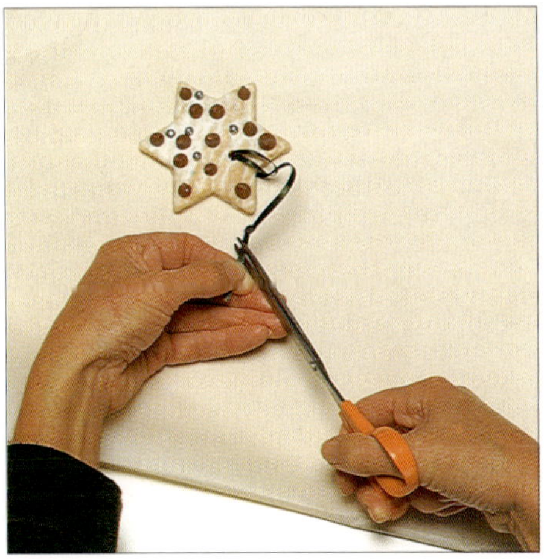

6 Nouez les deux morceaux de ruban ensemble pour former la boucle par laquelle vous accrocherez le biscuit dans l'arbre ; et coupez au plus près du nœud et en diagonale les extrémités du ruban.

CI-CONTRE ET CI-DESSUS : *Vous pouvez confectionner des biscuits de toutes les formes et pour tous les goûts ! Voici justement deux adorables petits cœurs : l'un au chocolat, décoré de fruits confits ; l'autre recouvert d'un scintillant glaçage et de confettis sucrés.*

Bonhomme de neige

1 Recouvrez le bonhomme de neige de glaçage. Utilisez pour les yeux les bonbons argentés ; pour la bouche, de l'angélique, et pour les boutons, des pépites en chocolat. Saupoudrez de noix de coco séchée.

2 Pour faire l'écharpe, mélangez quelques gouttes de colorant alimentaire rouge à la pâte d'amandes jusqu'à obtenir une belle couleur uniforme. Faites de même pour le vert avec une autre barre de pâte d'amandes.

MATÉRIEL

Pour la décoration :

Une dose de glaçage
•
Bonbons argentés
•
Angélique
•
Pépites de chocolat
•
Noix de coco séchée
•
Pâte d'amandes
•
Colorant alimentaire vert et rouge
•
Ruban de 20 cm de long sur 6 mm de large

CI-CONTRE : *La noix de coco séchée utilisée pour le manteau imite à merveille la lourde et soyeuse couche de neige. Ajoutez-y une belle écharpe rouge et vert, et voilà votre bonhomme de neige paré pour l'hiver !*

3 Donnez à la barre verte une forme rectangulaire de 15 × 1,5 cm. Disposez en diagonale de petites bandes rouges. Appuyez fermement.

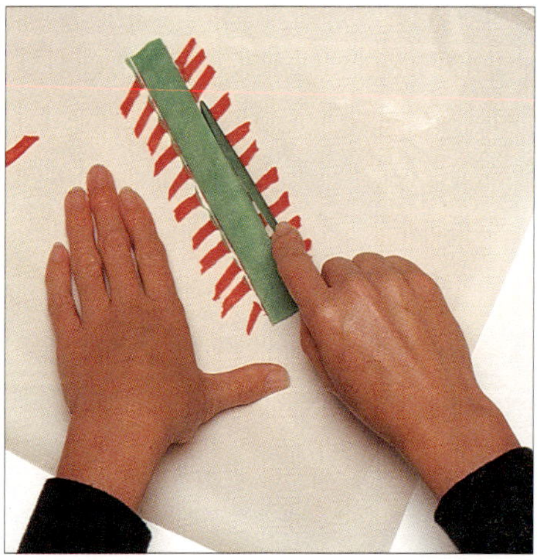

4 Retournez votre rectangle ainsi décoré et coupez les parties rouges qui dépassent. Votre écharpe est prête.

5 Mettez-la à votre bonhomme de neige en croisant les pans sur le devant. Retirez la paille. Pour faire la boucle, reportez-vous p. 57 (biscuits de Noël, étapes nos 4, 5 et 6).

Boules de neige en coton

Rien de plus facile à faire que ces boules de neige duveteuses : du coton, du ruban, un peu de peinture dorée ou argentée, et le tour est joué ! Vous pouvez les suspendre par la boucle ou les jeter au hasard sur le sapin, où elles s'accrocheront, créant ainsi parfaitement l'illusion de la neige.

1 Détachez la boule de coton de son rameau. Laissez-lui une tige de 5 cm de long.

2 Protégez le coton en glissant du papier de soie sous les feuilles. Vaporisez-les de peinture dorée. Laissez sécher puis retirez précautionneusement le papier de soie.

CI-DESSUS : *Ici, le rouge du ruban tranche audacieusement avec la pureté du coton et l'or de la peinture.*

MATÉRIEL

Fleur de coton non traité avec sa tige (disponible chez les fleuristes spécialisés en plantes séchées)
•
Papier de soie
•
Aérosol de peinture dorée
•
Ruban de 25 cm de long sur 6 mm de large

3 Avec le ruban faites une boucle fixée par un point à 6 cm de la pliure. Enroulez les extrémités du ruban autour de la tige. Faites un joli nœud.

4 Coupez l'excédent de ruban. Enfin, faites bouffer la boule de coton afin de mettre en valeur son aspect duveteux.

CI-CONTRE : *Des feuilles et du ruban de même couleur – ici, or sur or, ou argent sur argent – forment une combinaison discrète et harmonieuse.*

Bouquet de pomme séchée

Vous trouverez autour de vous, à la maison ou éventuellement au jardin, la plupart des éléments nécessaires à la confection de ce bouquet. Rapide et facile à faire, il allie parfaitement naturel et raffinement.

MATÉRIEL

Pour chaque bouquet :

Bobine de fil de fer de fleuriste
•
2 tranches de pomme séchée (voir p. 127)
•
3 baies rouges artificielles avec leurs tiges
•
3 ou 4 branches de petites feuilles de 12,5 cm de long vaporisées de peinture dorée
•
Ruban fin ou ficelle dorée de 10 cm de long
•
Colle transparente
•
Deux petits tortillons de ruban doré (voir p. 127)
•
50 cm de mousseline de soie bleu marine montée sur fil métallique

CI-CONTRE : *Le succès de cette décoration tient à sa sobriété, la légère touche de rouge sur les pommes et les baies tranche harmonieusement avec l'alliance subtile du bleu de la mousseline et de l'or des feuilles. Il faut appliquer la peinture dorée en couches très fines de façon à conserver à la feuille une partie de sa couleur naturelle.*

1 Percez un trou dans chaque tranche de pomme à l'aide d'une aiguille et faites passer 15 cm de fil de fer de fleuriste. Égalisez les deux extrémités et entortillez ensemble les deux fils.

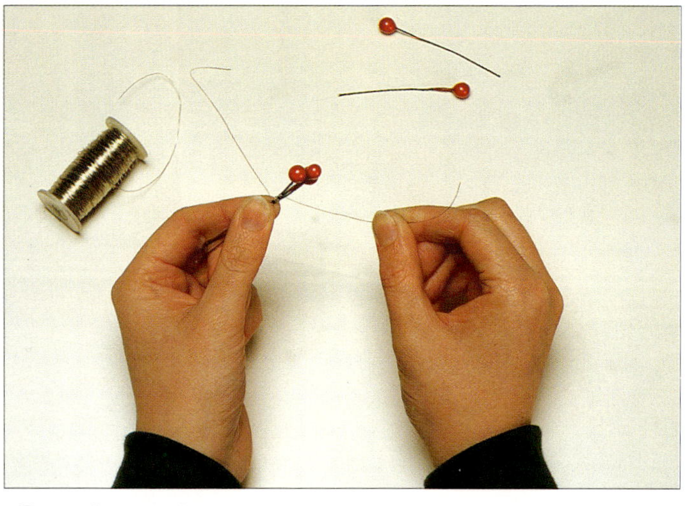

2 Liez les tiges des trois baies artificielles en bouquet avec le fil de fer de fleuriste. Laissez pendre environ 7,5 cm de fil.

3 Maintenez ensemble les tiges des baies et l'extrémité en fil de fer de chaque tranche de pomme. Liez-les avec du fil de fer.

4 Ajoutez la petite garniture de feuilles dorées. Utilisez le fil de fer de fleuriste que vous aviez laissé dépasser des baies pour attacher le tout. Faites une boucle avec la ficelle dorée.

5 Au centre du bouquet, collez les tortillons de ruban. Laissez sécher.

6 Enfin, faites un nœud avec le ruban de mousseline de soie bleu marine monté sur fil métallique. Prenez soin de camoufler les tiges et le fil de fer. Égalisez bien les extrémités du ruban en diagonale.

CI-CONTRE : *Qu'elles soient rouges, vertes ou jaunes, les pommes offrent une large palette de couleurs dont vous pouvez tirer le meilleur parti en associant des tranches de plusieurs variétés. L'effet peut même être spectaculaire à condition de jouer savamment entre les valeurs opposées, qui contrastent, et les valeurs proches, qui s'équilibrent. Pour sécher les tranches de pomme, voir p. 127.*

Bouquets de baies

Vous trouverez dans votre jardin
la plupart des éléments nécessaires.
Avec les restes des rubans de couleurs vives,
vous pourrez réaliser les nœuds et les tortillons.

CI-DESSUS : *Rien de tel que du ruban rouge et or pour mettre en valeur ces délicates baies artificielles rouges. Elles ne coûtent presque rien et vous pourrez vous en servir longtemps.*

1 Peignez six brindilles de bouleau en argent. Ajoutez les six autres et faites un bouquet à l'aide du fil de fer de fleuriste.

2 Collez les brindilles au feuillage peint dans le sens de la longueur. Tenez fermement.

MATÉRIEL

Pour chaque bouquet :

12 brindilles de bouleau de 10 cm de long
•
Bobine de fil de fer de fleuriste
•
Colle transparente
•
2 brindilles au feuillage recouvert de peinture or et argent
•
5 brins de baies artificielles
•
Ruban vert de 12,5 × 2 cm
•
2 rubans rouge et or de 22,5 cm de long sur 6 mm de large
•
Pour la boucle :

ruban vert de 20 × 2 cm

3 Collez trois brins de baies à une extrémité du bouquet et deux à l'autre.

À DROITE : *Un double ruban argenté rehausse à merveille la blancheur des brindilles de bouleau. La boucle rouge fait un joli rappel avec l'incarnat des baies.*

À GAUCHE : *Avec ses brindilles, son nœud et ses serpentins argentés* *(voir p. 127)**, ce bouquet orné de pommes de pin dorées et de feuilles de chêne collées se déploie tel un éventail.*

À DROITE : *Un ruban doré entoure cette mini-gerbe de feuilles brunes et or et de baies rouges. La boucle d'or et les serpentins rouges complètent joliment le tableau.*

4 Nouez le ruban vert de 12,5 cm de long autour du bouquet pour dissimuler les tiges du feuillage. Égalisez-le en diagonale.

5 Nouez l'un des rubans rouge et or au centre du bouquet. Cousez l'autre en diagonale par rapport au premier et faites un second nœud.

6 Pliez en deux le ruban vert de 20 cm de long. Formez une boucle et cousez-la derrière le point central du premier ruban vert, dont vous vous êtes servi pour dissimuler les tiges du feuillage.

Le cache-pot enchanté

Ce n'est pas parce que tous nos efforts ont porté jusqu'ici sur la décoration du sapin qu'il faut négliger le pied de l'arbre ! Ce cache-pot enchanté est une idée très originale qui fera la joie de vos enfants, surtout lorsqu'ils découvriront les nombreux cadeaux cachés parmi les copeaux de bois...

Matériel

Un cache-pot en bois, recouvert de peinture dorée, d'un diamètre supérieur de 15 cm au pot du sapin
•
Ruban or et argent de 12 mm de large
•
Un choix de cadeaux de petite taille
•
Un choix de sucettes et autres sucres d'orge
•
Colle universelle

Ruban à cadeaux rouge de 12 mm de large et d'une longueur égale à la profondeur du cache-pot
•
Ruban à cadeaux rouge de 6 mm de large et plus court de 7,5 cm par rapport à la profondeur du cache-pot
•
Ruban à cadeaux vert de 3 mm de large et d'une fois et demie la profondeur du cache-pot
•
Copeaux de bois recouverts de peinture or et argent

Ci-dessous : *Assurez-vous que votre arbre de Noël est bien calé dans son propre pot. Placez ensuite l'ensemble dans le cache-pot. Calez bien le pot du sapin avec de la terre, en vous arrêtant à 7,5 cm du bord. Remplissez le reste du cache-pot de copeaux de bois.*

1 Nouez un ruban or et argent au centre d'un sucre d'orge enrobé de Cellophane. Égalisez bien.

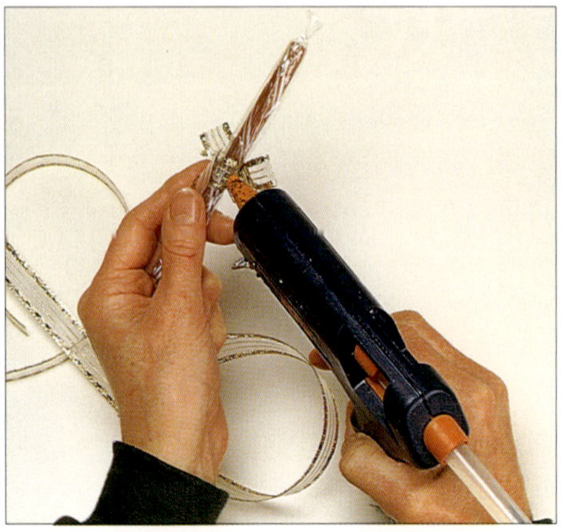

2 Prenez un autre morceau de ce même ruban mesurant 10 cm de plus que la profondeur du cache-pot. Collez-le au dos du nœud que vous venez de faire.

CI-DESSUS : *Les petites peluches comme ce hérisson câlin sont les chouchous des enfants et ne sont pas très chères. Vous pouvez même les fabriquer. Tout ce qui est suffisamment petit pour être dissimulé dans le cache-pot enchanté fera l'affaire : des poupées, du mobilier de maison de poupées, des figurines en bois, des petites voitures, des mini-journaux intimes…*

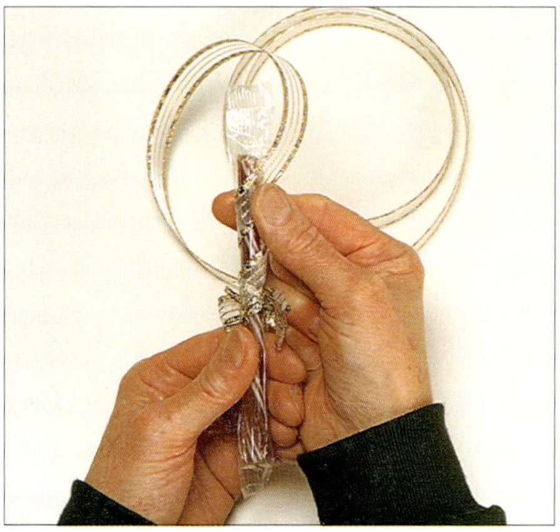

3 Enroulez le ruban autour du sucre d'orge et fixez-le au bout par un point de colle en appuyant fermement. Ne coupez surtout pas le ruban en trop.

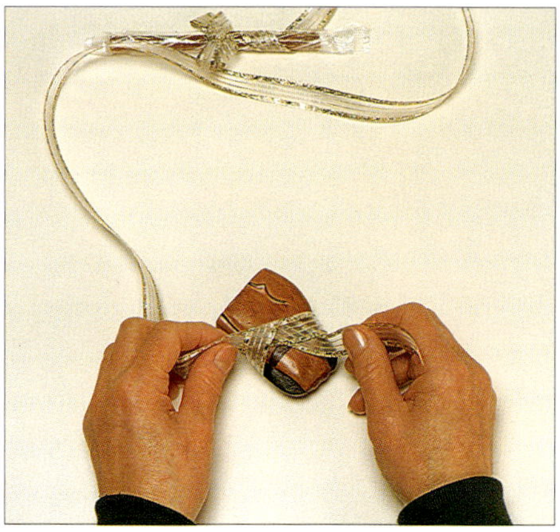

4 Attachez un cadeau de petite taille à l'autre extrémité du ruban, et coupez le ruban en trop.

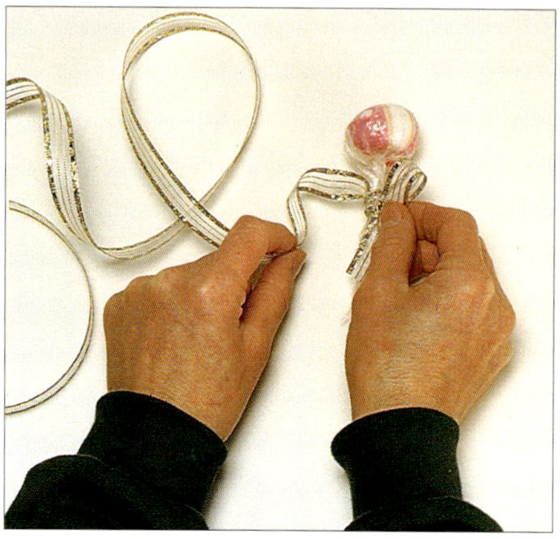

5 Prenez ensuite un autre morceau de ruban or et argent, mesurant 10 cm de plus que la profondeur du cache-pot. Faites un nœud sur le haut de la tige de la sucette.

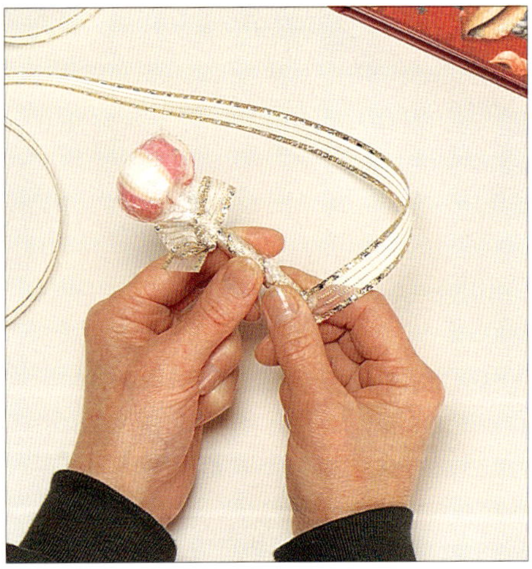

6 Enroulez le ruban autour de la sucette et fixez-le au bout avec un point de colle en appuyant fermement pour le maintenir. Ne coupez surtout pas le ruban en trop.

7 Attachez un cadeau de petite taille à l'autre extrémité du ruban et coupez le reste du ruban qui dépasse du cadeau.

8 Faites des serpentins avec le ruban rouge en faisant courir le tranchant des ciseaux tout le long (voir p. 127).

9 Collez les serpentins sur le haut du cache-pot enchanté, de façon à ce qu'ils cachent les jointures des rondins de bois.

10 Faites de même avec le ruban rouge plus étroit, afin de recouvrir le restant des jointures.

11 Avec le ruban vert, faites aussi des serpentins. Puis pliez-les en deux et collez-les à côté de chaque ruban rouge étroit.

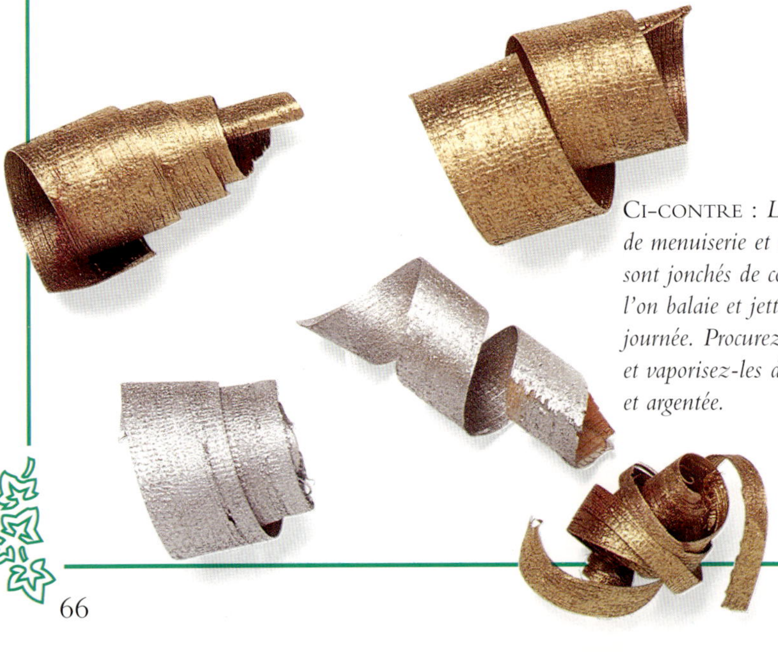

Ci-contre : *Les ateliers de menuiserie et d'ébénisterie sont jonchés de copeaux de bois que l'on balaie et jette en fin de journée. Procurez-vous-en et vaporisez-les de peinture dorée et argentée.*

12 Placez les cadeaux parmi les copeaux de bois entre le cache-pot enchanté et le pot du sapin. Les sucres d'orge et les sucettes doivent pendre à l'extérieur du cache-pot enchanté.

Terre cuite et sapin de Noël

Simple et élégant, ce pot en terre cuite peinte, avec en plastron sa guirlande de tulle blanc ornée d'étoiles scintillantes et de rubans argentés, donne au sapin de Noël une note très chic.

CI-CONTRE : *Tout ici se décline en vert, excepté cette guirlande, dont la blancheur argentée est du plus bel effet ! Voilà un écrin de choix pour votre arbre de Noël.*

MATÉRIEL

Pot et soucoupe en terre cuite, aux dimensions de votre arbre
•
Peinture mate
•
1 m de tulle blanc d'une longueur correspondant à 4 fois le diamètre du pot
•
9 bandes de tulle blanc de 2,5 × 30 cm
•
8 rubans argentés de 2,5 × 25 cm
•
Pistolet à colle
•
Colle universelle
•
Une étoile argentée de 20 cm
•
Lichen
•
Billes de verre de couleur verte

1 Peignez le pot et la soucoupe de la couleur de votre choix. Laissez sécher puis tracez tout au long de la bordure du pot huit intervalles réguliers avec un feutre.

2 Divisez la pièce de tulle en huit parties égales en nouant une petite bande de tulle à chaque début de section.

3 Avec une paire de ciseaux bien tranchants, coupez au ras du nœud l'excédent de tulle sur les bandes.

4 Retournez la guirlande pour que les nœuds des bandes soient sur l'envers. Attachez le ruban argenté sur les bandes de tulle, en commençant par la deuxième bande et en finissant par la huitième.

5 Égalisez les extrémités du ruban argenté afin qu'elles mesurent 5 cm environ.

6 À l'aide du pistolet à colle, fixez la guirlande, tel un plastron, autour de la bordure du pot. Chaque ruban argenté doit correspondre au repère porté sur le pot (voir étape n° 1).

Ci-dessus : *Ces rubans argentés se conjuguent à merveille avec la guirlande et rappellent l'éclat scintillant de l'étoile de Noël.*

À droite : *La délicatesse est à l'ordre du jour : celle du lichen finement ciselé alliée à la transparence des billes de verre.*

7 Procédez ainsi pour les sept autres points en bordure du pot.

8 Mettez un point de colle à chaque extrémité de la guirlande de tulle et appuyez fermement.

9 Attachez le dernier morceau de ruban argenté autour des extrémités déjà collées de la guirlande afin de masquer la jointure. Mettez un peu de colle sur le dernier point de repère et maintenez l'ensemble.

10 Passez à l'étoile. Collez-la sur l'un des rubans argentés. Faites en sorte qu'elle dépasse un peu de la bordure supérieure du pot.

11 Après avoir planté votre sapin de Noël en le calant avec de la terre ou du sable, recouvrez de lichen pour préserver l'humidité.

12 Ajoutez de l'éclat en remplissant la soucoupe de deux nuances de billes de verre : vert bouteille et vert d'eau, par exemple.

DÉCORER LA TABLE

Noël est un moment privilégié où l'on réunit famille et amis autour d'une jolie table. Au même titre que les mets spécialement préparés pour le traditionnel réveillon, la décoration de la table fait partie intégrante de la fête. Bien conçue, elle rehaussera même le repas le plus modeste ! Les bougies, les verres en cristal taillé et la porcelaine fine contribueront à l'atmosphère festive.

Ce chapitre vous présente deux services de table très chics et faciles à réaliser, qui peuvent s'adapter à tous les styles de décoration. Les napperons matelassés décrits pages 72 à 77 seront du meilleur effet sur n'importe quel type de table en bois, le riche motif de leur bordure se détachera merveilleusement sur du pin, du chêne ou de l'acajou cirés ou vernis.

La nappe damassée et les serviettes présentées pages 78 à 81, avec leurs motifs floraux en appliqué, peuvent être modifiées à volonté pour s'harmoniser à la décoration et à la taille de votre table. Élégants et raffinés, ces deux ensembles ne se démoderont jamais.

Vous pourrez également adapter l'idée de base en utilisant des motifs différents, qui conviendront à d'autres fêtes ou circonstances. Vous apprendrez à transformer le service de table le plus banal en une création originale et unique. Vous trouverez également deux centres de table à décoration florale : une somptueuse composition de bougies dorées et de poinsettias d'un rouge flamboyant, parfaite pour un grand réveillon, et un arrangement plus classique à base de houx et de lierre. Les deux compositions peuvent être réalisées à des dimensions plus réduites : elles feront de jolies décorations individuelles, à disposer près de chaque couvert.

À GAUCHE : *Les bougies dorées s'harmonisent avec les riches couleurs du service de table – preuve, s'il en faut, que point n'est besoin de dépenser une fortune pour créer une décoration élégante et raffinée.*

Napperons matelassés

Ces napperons en chintz vert et rouge sont si jolis qu'il est presque dommage de les placer sous une assiette ! L'ensemble comprend des napperons, un chemin de table, des ronds avec leurs serviettes.

CI-DESSUS : *Le rouge et le vert se renforcent mutuellement. Cette large bordure de ruban, avec sa riche palette de couleurs, sera du plus bel effet sur une table.*

MATÉRIEL

Pour chaque napperon :

Un carré de 26 cm de côté de doublure lavable
•
Un carré de 26 cm de côté de tissu de coton vert
•
Un carré de 45 cm de côté de chintz rouge
•
Un ruban de tissu de Noël de 50 cm de long sur 7,5 cm de large
•
Fil assorti

1 Placez la doublure sur le carré de coton vert. Bâtissez ensemble les bords de la doublure et du tissu.

2 Placez le carré de chintz rouge, envers au-dessus, sur une surface plane et repliez 9 cm de tissu sur les quatre côtés. Repassez pour marquer les plis.

3 Dépliez le tissu et placez le carré de coton vert et sa doublure à l'intérieur du carré formé par les plis. Repliez le bord du chintz sur 1,5 cm pour obtenir une bordure de 7,5 cm. Épinglez.

4 Bâtissez le long des épingles en restant près du bord ; assurez-vous que vous piquez bien les trois épaisseurs.

5 Placez le ruban de Noël sur l'un des côtés de la bordure rouge, en le disposant de façon à laisser apparaître la même largeur de chintz au-dessus et au-dessous.

À gauche : *Ce motif hivernal de pommes de pin, de feuilles de houx et de pommes permet de réaliser une bordure très décorative.*

6 Faites un angle en onglet en repliant soigneusement le tissu en biais, et disposez le ruban le long de la bordure suivante Épinglez pour maintenir en place.

7 Au dernier côté, coupez le surplus de ruban pour vous aligner sur le bord du tissu rouge.

8 Repliez le coin voulu pour former le dernier onglet et épinglez.

9 Bâtissez les bords interne et externe du ruban, à 6 mm environ de chaque bord, ainsi que les angles. Retirez les épingles au fur et à mesure.

10 Piquez la bordure de ruban en restant le plus près possible du bord. Enlevez le fil de bâti. Repassez.

Chemin de table

Matériel

Faites deux petits carrés en suivant les instructions des pages 72 à 74, et un grand carré en utilisant les fournitures ci-dessous :

Un carré de 51,5 cm de côté de chintz rouge

•

Un carré de 22,5 cm de côté de coton vert

•

Un carré de 22,5 cm de côté de doublure

Un ruban de tissu de Noël de 132 cm de long sur 7,5 cm de large

•

Fil assorti

À droite :
Ce chemin de table constitué de trois losanges comprend un grand et deux petits carrés, réalisés de la même façon que les sets décrits pages 72 à 74 puis assemblés.

1 Superposez en losange le grand carré sur les petits, en laissant visible une largeur de 4 cm de coton vert sur les petits carrés. Épinglez et bâtissez les trois carrés pour les assembler.

2 Piquez tous les bords, aux endroits où le grand et les petits carrés se superposent. Piquez également le long des coutures des angles en onglet de la bordure en ruban du grand carré.

Serviettes et ronds de serviette

MATÉRIEL

Pour chaque serviette :

Un carré de 30 cm de côté de coton vert

•

Fil assorti

Pour chaque rond de serviette :

Un morceau de 11,5 × 19 cm de chintz rouge

•

Un morceau de 7,5 × 17,5 cm de triplure

•

Un ruban de tissu de Noël de 19 cm de long sur 7,5 cm de large

•

Fil assorti

CI-DESSUS : La serviette est réalisée dans le même tissu que celui utilisé pour la partie centrale des napperons. Le vert sombre met en valeur le rouge éclatant des motifs du rond de serviette.

1 Pour réaliser les serviettes, repliez les bords du tissu en appuyant avec le bout des doigts pour marquer le pli et rabattez à nouveau. Bâtissez et piquez tout le pourtour le long du bord.

2 Pour réaliser les ronds de serviette, placez le chintz rouge envers face à vous, et posez la triplure dessus. Repliez les bords du chintz et repassez les plis.

3 Posez le ruban de Noël sur le chintz, de façon à laisser apparaître la même largeur de tissu rouge au-dessus et au-dessous du ruban. Épinglez et bâtissez.

4 Piquez à la machine les deux côtés du ruban le plus près possible du bord.

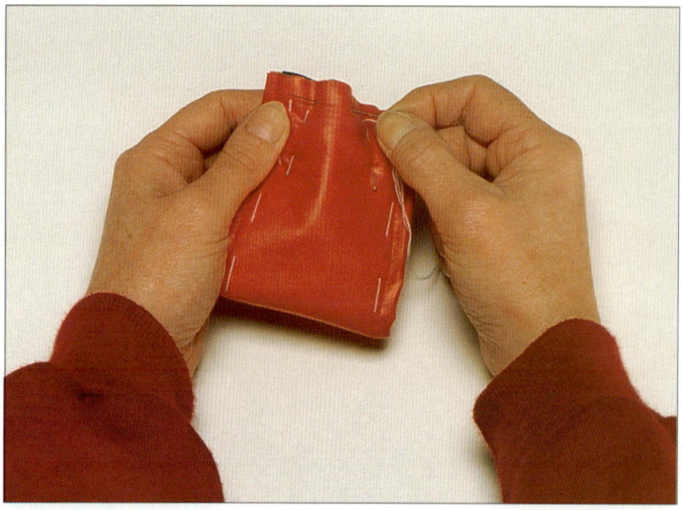

5 Pliez en deux le rond de serviette, endroit contre endroit. Bâtissez le petit côté à 1 cm du bord.

6 Piquez le petit côté à 1,5 cm environ du bord. Enlevez le fil de bâti.

7 Ouvrez la couture. Coupez un des bords à 6 mm environ de la piqûre.

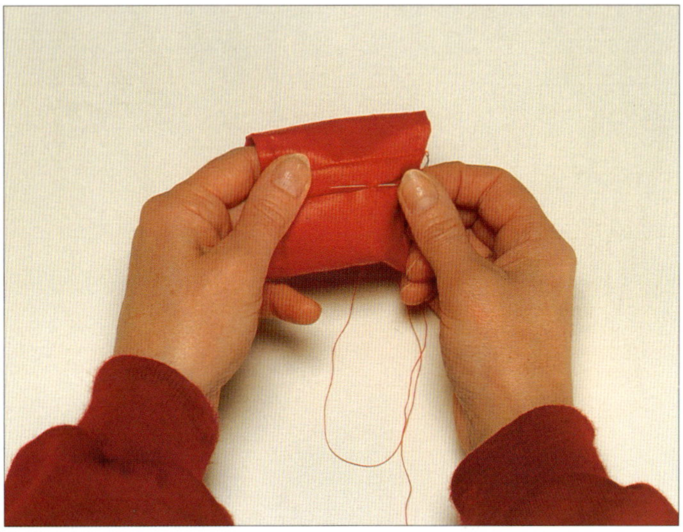

8 Rabattez le bord non coupé sur le bord coupé et épinglez. Fixez le rabat ainsi réalisé au point coulé en rentrant le bord vif.

9 Retournez le rond de serviette à l'endroit et cousez au point de surjet les deux extrémités de la couture.

Nappe en appliqué

Cet élégant motif de Noël mêlant poinsettias, roses et pommes de pin est appliqué sur une nappe et des serviettes damassées. Un service de table dont vous ne vous lasserez jamais.

Réalisation de la nappe

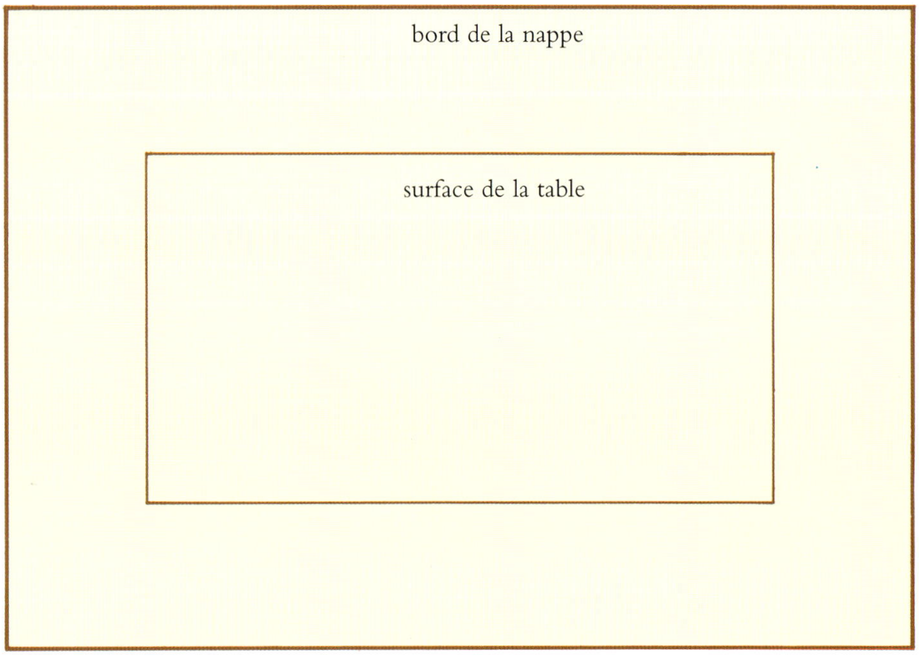

MATÉRIEL

Nappe et serviettes damassées
•
Tissu de Noël imprimé
•
Fil assorti

À DROITE : *Une table dressée pour deux, à laquelle une bordure de fleurs de Noël confère un air de fête. Vous trouverez les instructions pour la composition de houx et de lierre pages 85 à 87.*

1 Placez la nappe sur la table en laissant pendre des pans de largeur égale tout autour. Bâtissez le tour de la surface de la table afin de vous donner un repère pour positionner les applications.

À GAUCHE : *Motif pour les coins de la nappe. Utilisez des gros motifs aux couleurs vives et lavez toujours le tissu imprimé avant de le découper, pour vous assurer qu'il est grand teint.*

2 Découpez les motifs dans le tissu de Noël. Choisissez du tissu avec des motifs assez gros : les petits motifs sont délicats à manier et manqueront d'effet vus de loin.

3 Étendez la nappe et marquez le milieu de chacun des côtés. Épinglez les motifs le long de la ligne de bâti. Espacez régulièrement les motifs et disposez-les de façon symétrique sur tout le pourtour.

4 Bâtissez chaque motif à 1 cm au moins du bord. Enlevez les épingles.

5 Piquez au point zigzag le bord de chaque motif. Choisissez du fil assorti au motif et contrastant avec la nappe pour faire une bordure bien franche, qui se détachera joliment sur le fond.

Réalisation des serviettes

1 Découpez un motif de taille suffisante pour le coin de la serviette. Ici, on a choisi deux motifs dans des tons contrastés.

2 Assemblez les deux motifs avec des épingles en vous assurant que la disposition est identique pour chacune des serviettes. Essayez plusieurs combinaisons afin de trouver un arrangement satisfaisant.

3 Épinglez le motif obtenu sur un coin de la serviette et bâtissez pour le maintenir en place.

4 Piquez au point zigzag le long du bord du motif comme indiqué pour la nappe.

CI-DESSUS : *La bordure rouge au point zigzag fait ressortir le motif sur le fond blanc damassé.*

Centre de table avec bougies

Voici une élégante composition pour un grand réveillon. Les poinsettias d'un rouge flamboyant au centre de l'arrangement produisent un effet saisissant.

MATÉRIEL

Une couronne de 25 cm de diamètre en sapin artificiel
•
De la vigne artificielle avec de petits grains de raisin
•
Une bobine de fil métallique de calibre fin
•
4 roses artificielles blanches
•
4 brins de feuilles artificielles de rose dorées

Colle universelle
•
8 bougies dorées de 10 cm de hauteur et de 1 cm de diamètre
•
8 bobèches
•
Une assiette ou un plat de 20 cm de diamètre
•
3 ou 4 pots de poinsettias miniatures

CI-DESSOUS : *Cette composition sera du meilleur effet sur une simple table de bois. Pour des raisons de sécurité, les poinsettias doivent être plus courts que les bougies : raccourcissez-les si nécessaire. Surveillez les bougies lorsqu'elles seront allumées. Et n'oubliez jamais… de les éteindre !*

1 Rectifiez si nécessaire la forme de la couronne artificielle pour obtenir un vrai cercle. La réussite de cette composition tient à une symétrie parfaite.

2 Courbez chaque brin de vigne artificielle pour lui faire épouser la forme de la couronne, et arrangez la disposition des feuilles et les grains de raisin.

3 Placez la vigne sur la couronne et fixez-la sur le support avec du fil métallique.

4 Réunissez chaque rose blanche à un brin de feuilles dorées en entortillant leurs tiges.

CI-DESSOUS : *Ces roses artificielles blanches se détacheront bien sur les couleurs sombres de la couronne. Les feuilles dorées capteront la chaude lumière des bougies.*

5 Disposez les roses à intervalles réguliers tout autour de la couronne.en fixant les tiges sur la base avec le fil métallique.

6 Arrangez les feuilles de vigne de façon à cacher autant que possible les bouts de fil métallique.

7 Déposez une goutte de colle universelle dans chaque bobèche et fixez-y les bougies en appuyant pendant un moment. Assurez-vous que les bougies sont bien verticales.

8 Disposez les bougies autour de la couronne en veillant à ce que les intervalles soient réguliers.

9 Une fois que la disposition des bougies vous satisfait, collez-les. Maintenez les bougies un moment en vous assurant qu'elles sont bien à la verticale.

10 Placez la couronne sur une assiette et disposez au centre trois ou quatre pots de poinsettias miniatures.

Centre de table en houx et lierre

Ce centre de table utilise le contraste entre les différents tons de verts du houx et des lierres pour créer un effet saisissant. Des petites feuilles dorées et des baies rouge vif ajoutent une note subtile et chaleureuse.

CI-DESSUS : *La disposition des feuilles et des baies, sans être stricte, doit être équilibrée et harmonieuse. Évitez de juxtaposer trop de feuillages sombres. Le centre de table doit durer au moins 10 jours ; ajoutez cependant un peu d'eau dans la mousse quand les feuilles commencent à se faner.*

MATÉRIEL

Un carré de 12 cm de côté de carton épais

•

Un carré de plastique de 12,5 cm de côté découpé dans un sac poubelle

•

Un bloc de 12 cm de côté de mousse synthétique mouillée, d'une épaisseur de 7,5 cm

•

12 brins de houx vert foncé

•

12 brins de lierre vert foncé avec baies

12 brins de lierre panaché

•

6 brins de petites feuilles (feuilles de chêne ou de troène), vaporisés de peinture dorée

•

6 brins de grosses baies rouges (artificielles)

•

6 brins de petites baies rouges (artificielles)

•

Colle universelle

•

Ruban adhésif

Ci-dessus : *Petites feuilles de troène dorées des deux côtés. Comme les feuilles de lierre panachées de jaune d'or, elles contrastent avec les autres feuillages vert foncé et contribuent à égayer la composition.*

Ci-dessous : *Les baies rouges artificielles peuvent être disposées aux endroits où l'on veut obtenir une touche de couleur éclatante.*

1 Enduisez d'une mince couche de colle une des faces du carton et placez dessus le carré de plastique. Cela constituera le fond imperméable de la composition.

2 Retournez le carré de carton et repliez les bords du plastique. Fixez-les sur les quatre côtés avec du ruban adhésif.

3 Placez le bloc de mousse synthétique mouillé au préalable sur le carton recouvert de plastique. Piquez des brins de houx et de lierre sur le dessus du bloc de mousse en les disposant librement.

4 Continuez jusqu'à ce que le dessus du bloc de mousse soit recouvert de feuillage. Il vous faudra environ trois brins de houx et trois brins de chaque type de lierre pour recouvrir la mousse.

5 Commencez à piquer du houx et du lierre sur les côtés du bloc de mousse, en utilisant approximativement la même quantité de feuillage pour chaque face.

6 Continuez jusqu'à ce que le bloc de mousse soit entièrement recouvert de feuillage. Tournez la composition pour vous assurer qu'elle est équilibrée et arrondie de chaque côté.

7 Disposez les feuilles dorées à intervalles réguliers. Ne visez pas la symétrie parfaite car les brindilles de feuilles sont toutes légèrement différentes par la forme et par la taille.

8 Insérez les brins de grosses et de petites baies rouges pour apporter la note de couleur finale.

DÉCORER LA MAISON

Il y a dans ce chapitre un grand choix d'idées propres à satisfaire tous les goûts, emplissez votre maison des couleurs et de l'esprit de Noël. Créez votre propre style. Mais surtout, amusez-vous ! Si vos goûts vont aux décorations traditionnelles, la couronne s'impose : suspendue à la porte pendant la période des fêtes, elle souhaitera la bienvenue à vos invités. Il en va de même pour les bottes de Noël : les enfants les accrocheront au manteau de la cheminée ou les placeront près de leur lit à l'attention du Père Noël. Il est du reste présent dans ce chapitre, sous la forme d'une poupée aux couleurs vives.

Les décorations de Noël à base d'éléments naturels ont toujours un grand succès ; vous apprendrez à réaliser une guirlande de cheminée et un panier à bûches assorti ou encore un porte-carte original à base de longues tiges de lierre vert foncé. Mais Noël serait incomplet sans une représentation de la naissance de Jésus ; vous trouverez un modèle de broderie pour réaliser au point de croix une charmante Nativité, qui, peut-être, se transmettra de génération en génération dans la famille…

Enfin, nous avons pensé à tous ceux qui vivent dans un petit appartement mais ne veulent pas pour autant se priver d'un arbre de Noël : nous leur proposons un ravissant petit arbre miniature chargé de fruits et de baies aux couleurs vives, et une subtile composition de monnaies-du-pape et de physalis.

À GAUCHE : *Le coin du feu, décoré ici par une guirlande aux riches couleurs et un panier à bûches assorti, est le centre d'attraction de la maison. Faciles à réaliser, des objets en feutre (des bottes de Noël ornées sur les revers et un merveilleux petit Père Noël) apportent une note de fraîcheur et de jeunesse.*

La Nativité

Cette charmante scène de la Nativité peut faire un merveilleux cadeau que l'on conservera précieusement et que l'on exposera tous les ans à Noël. L'abécédaire vous permettra de broder le message de votre choix.

À gauche : *Des fils d'or et d'argent rehaussent l'éclat de ce tableau. Le fil d'or a été utilisé pour tracer le contour des quatre croix dans la bordure. Du fil d'or se mêle au fil brun dans le manteau de Joseph et du fil d'argent a été incorporé au voile bleu pâle de Marie.*

Vêtements de Marie

- 755
- 3775
- 340
- 3746
- 333

Peau et cheveux

- 948
- 951
- 950
- 436
- 433
- 838

Traits du visage

- 938
- 632

Fleurs

- 3713
- 3326
- 913
- 935
- 743

Paille

- 742
- 436
- 838

Agneau

- 762
- 415
- 318

Couverture

- 745
- 743
- 729

Matériel

Dimensions du tableau fini : 26 × 20,8 cm

36 × 31 cm de toile de lin

•

Coton mouliné DMC,
1 écheveau de chaque couleur

Réalisation du tableau

En suivant la grille ci-contre, travaillez au point de croix sur deux carreaux de tissu en utilisant deux fils de coton. Tracez le contour des silhouettes au point arrière avec un fil de coton marron foncé. Vous pouvez utiliser une autre marque de fil, selon vos préférences.

Bordure, abécédaire et date

- 742
- 816
- 3348
- 3346
- 791

Vêtements de Joseph

- 644
- 647
- 840
- 838
- 842
- 3787
- 976
- 420

Canevas pour la Nativité

Père Noël en feutre

Cette poupée Père Noël pleine de caractère plaira aux enfants comme aux adultes. Réalisée avec du feutre rouge vif, elle apportera une note de couleur et de gaieté sur une étagère ou sur le manteau de la cheminée.

MATÉRIEL

Un carré de 30 cm de côté de feutrine rose pâle
•
Un carré de 30 cm de côté de feutrine rouge
•
Un carré de 25 cm de côté de feutrine marron
•
Un carré de 25 cm de côté de feutrine blanche
•
Kapok
•
Colle pour tissu
•
Coton hydrophile pour les cheveux, la barbe et la moustache
•
Cercles de feutrine blanche, bleue et rouge pour les yeux et la bouche
•
Pompon blanc pour le bonnet

CI-DESSUS : *Ce Père Noël mesure environ 27 cm de haut. Vous pouvez réaliser une poupée plus grande en agrandissant les patrons avec une photocopieuse : il suffit de prendre le même pourcentage d'agrandissement pour les différents éléments.*

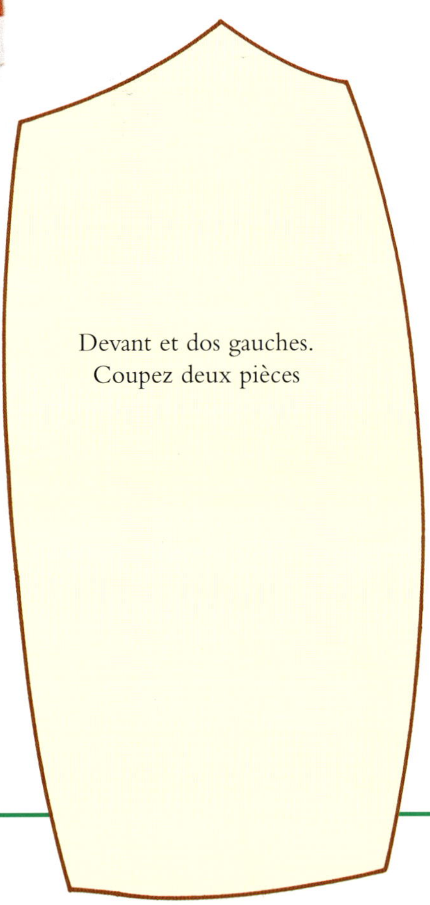

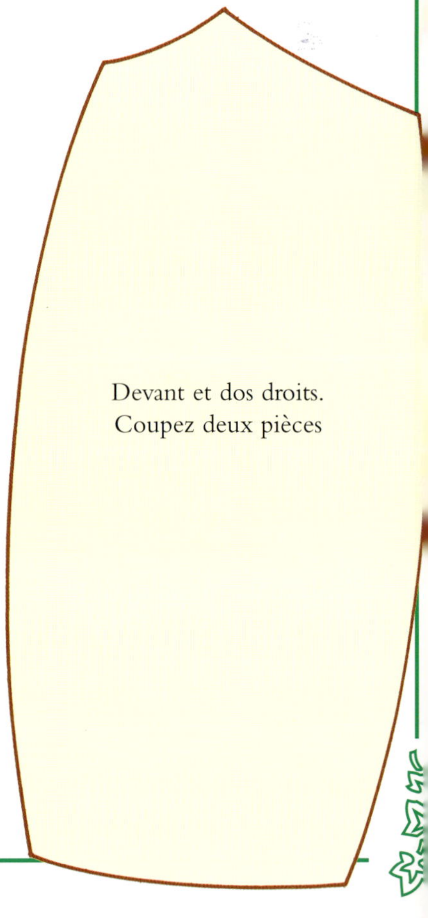

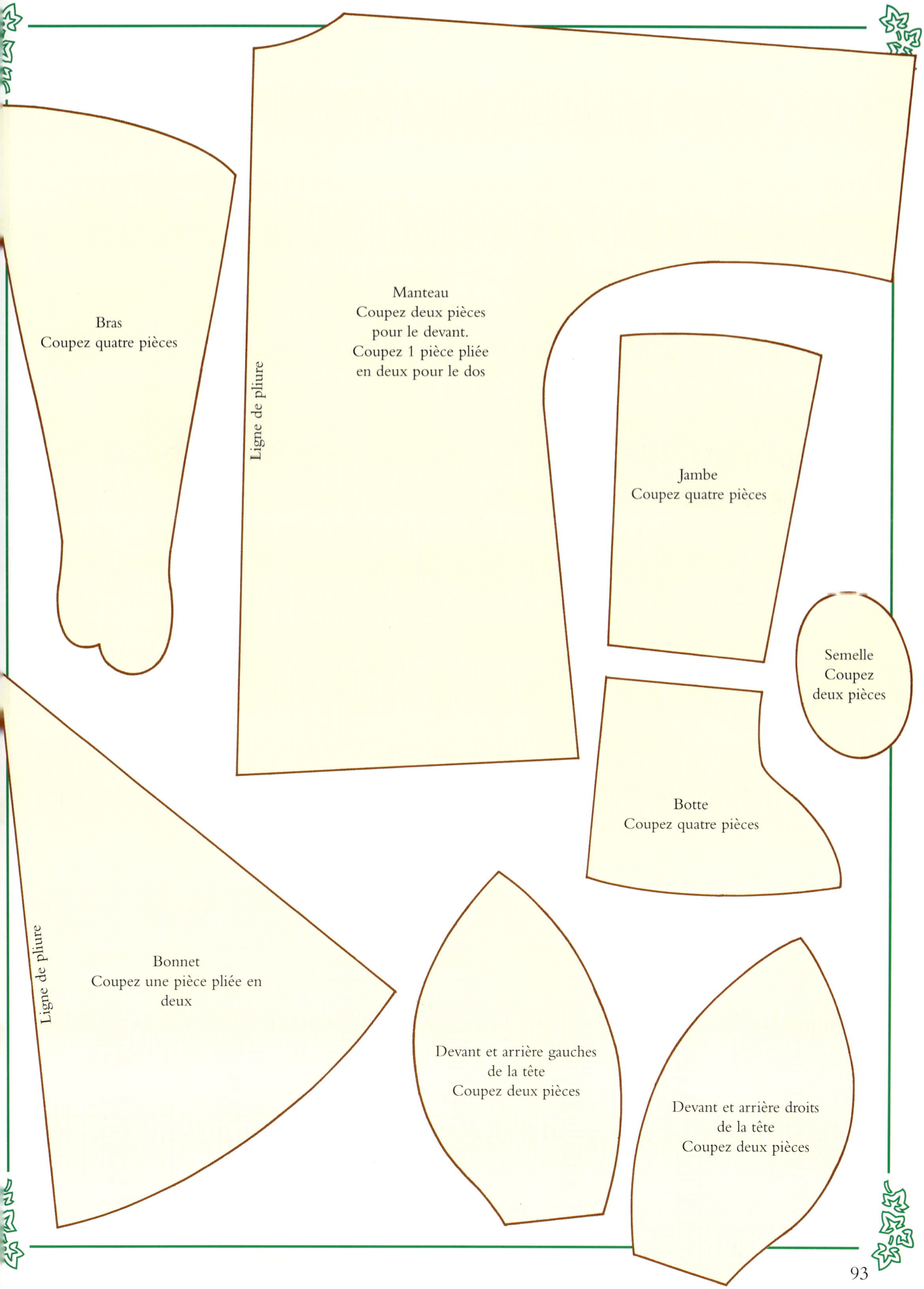
Bras
Coupez quatre pièces
Ligne de pliure
Manteau
Coupez deux pièces
pour le devant.
Coupez 1 pièce pliée
en deux pour le dos
Jambe
Coupez quatre pièces
Semelle
Coupez
deux pièces
Botte
Coupez quatre pièces
Ligne de pliure
Bonnet
Coupez une pièce pliée en
deux
Devant et arrière gauches
de la tête
Coupez deux pièces
Devant et arrière droits
de la tête
Coupez deux pièces

1 Assemblez les pièces gauches et droites du devant et du dos du corps. Cousez les pièces du devant et de l'arrière de la tête.

2 Assemblez le devant de la tête et le devant du corps au niveau du cou. Coupez les fils qui dépassent. Répétez l'opération avec le dos et l'arrière de la tête.

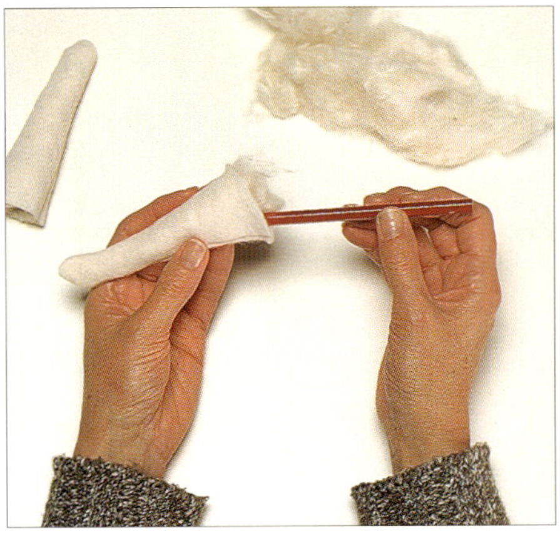

3 Placez deux pièces de bras l'une sur l'autre et cousez en laissant l'épaule ouverte. Répétez avec les deux autres pièces de bras. Retournez le bras à l'endroit et remplissez-le de kapok.

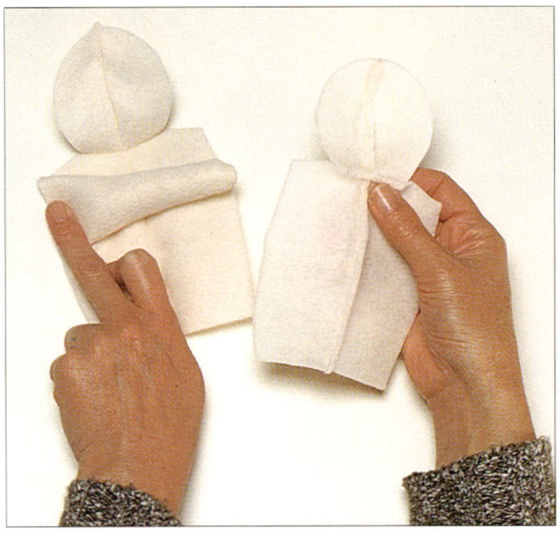

4 Placez une pièce du corps et de la tête endroit face à vous. Positionnez un bras (voir photo) puis placez la deuxième pièce du corps et de la tête sur la première, envers face à vous.

5 Assemblez ces trois pièces le long de la couture latérale. Arrêtez et coupez tous les fils.

6 Recommencez avec l'autre bras, puis retournez la poupée sur l'endroit. Bâtissez en partant du bord d'une épaule le contour de la tête et finissez par l'autre épaule. Ne piquez pas dans le bras de la poupée.

CI-DESSUS : *La feutrine est l'étoffe idéale pour des réalisations de ce type. Elle est peu coûteuse, elle existe en une grande variété de couleurs et – avantage très appréciable pour un débutant ou une couturière inexpérimentée – elle ne s'effiloche pas.*

7 Piquez autour de la tête et des épaules. Retournez la poupée sur l'endroit et remplissez-la de kapok.

8 Assemblez les pièces du pied et de la première botte en cousant le long des grands côtés ; laissez le haut et le bas ouverts. Cousez au point de surjet la semelle de la botte. Répétez l'opération pour l'autre jambe.

Ci-dessus : Pour coller les yeux et la bouche, vous pouvez utiliser de la colle pour tissu et un pinceau très fin. Veillez à utiliser de la colle non toxique si vous devez donner ce Père Noël à un très jeune enfant.

9 Remplissez les jambes de kapok en utilisant si nécessaire la pointe d'un stylo pour bourrer les bottes.

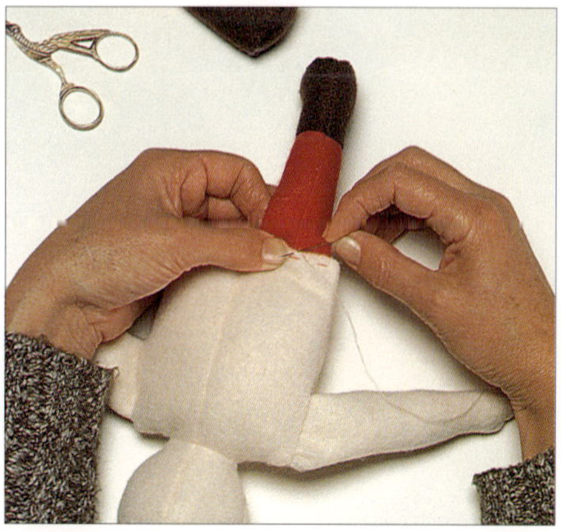

10 Bâtissez le bord inférieur du corps et cousez les jambes en vous assurant qu'elles sont tournées toutes les deux dans le même sens. Cousez au point de surjet le bord inférieur de la poupée.

11 À l'aide d'un pinceau, déposez un peu de colle sur les cercles de feutre figurant les yeux et la bouche. Collez du coton hydrophile pour représenter les cheveux, les sourcils, la barbe et la moustache.

12 Assemblez les pièces de devant du manteau et la pièce de dos en cousant le long des épaules et sur les côtés. Cousez le bonnet le long de la couture de dos, retournez-le sur l'endroit et cousez le pompon.

13 Découpez une bande de feutrine blanche et collez-la sur le bas des manches, les bords des pans et le bas du manteau. Procédez de même pour le bord du bonnet.

14 Mettez-lui son manteau et son bonnet. Découpez une bande de feutrine marron pour la ceinture. Découpez deux fentes dans un carré de feutrine blanche et passez la ceinture dans cette boucle.

Botte de Noël

Accrochez cette jolie botte à l'attention du Père Noël, il la remplira de friandises !
Vous pouvez la réaliser de la taille que vous désirez :
il suffit d'agrandir ou de réduire les patrons à la photocopieuse.
N'oubliez pas de modifier en conséquence les quantités de fournitures.

MATÉRIEL

Pour la botte :

Deux carrés de 30 × 30 cm de feutrine verte
•
15 cm de ruban vert de 1 cm de large, pour la boucle
•
1 m de ruban rouge de 6 mm de large, pour la bordure

Pour le revers et la décoration :

Un carré de 30 cm de côté de feutrine blanche
•
Un carré de 30 cm de côté de feutrine verte
•
2 paillettes en forme d'étoile
•
4 clochettes dorées ou argentées
•
Paillettes dorées ou argentées
•
4 pompons de couleurs contrastées
•
45 cm de ruban rouge de 6 mm de large
•
30 cm de ruban vert de 6 mm de large

À GAUCHE : *Des pompons de couleur vive et une ganse rouge donnent à cette botte un petit air de fête. Pour les décorations du revers, essayez d'autres motifs décoratifs, tels le petit ange présenté pages 48 et 49 ou l'un des motifs au point de croix des pages 52 et 53.*

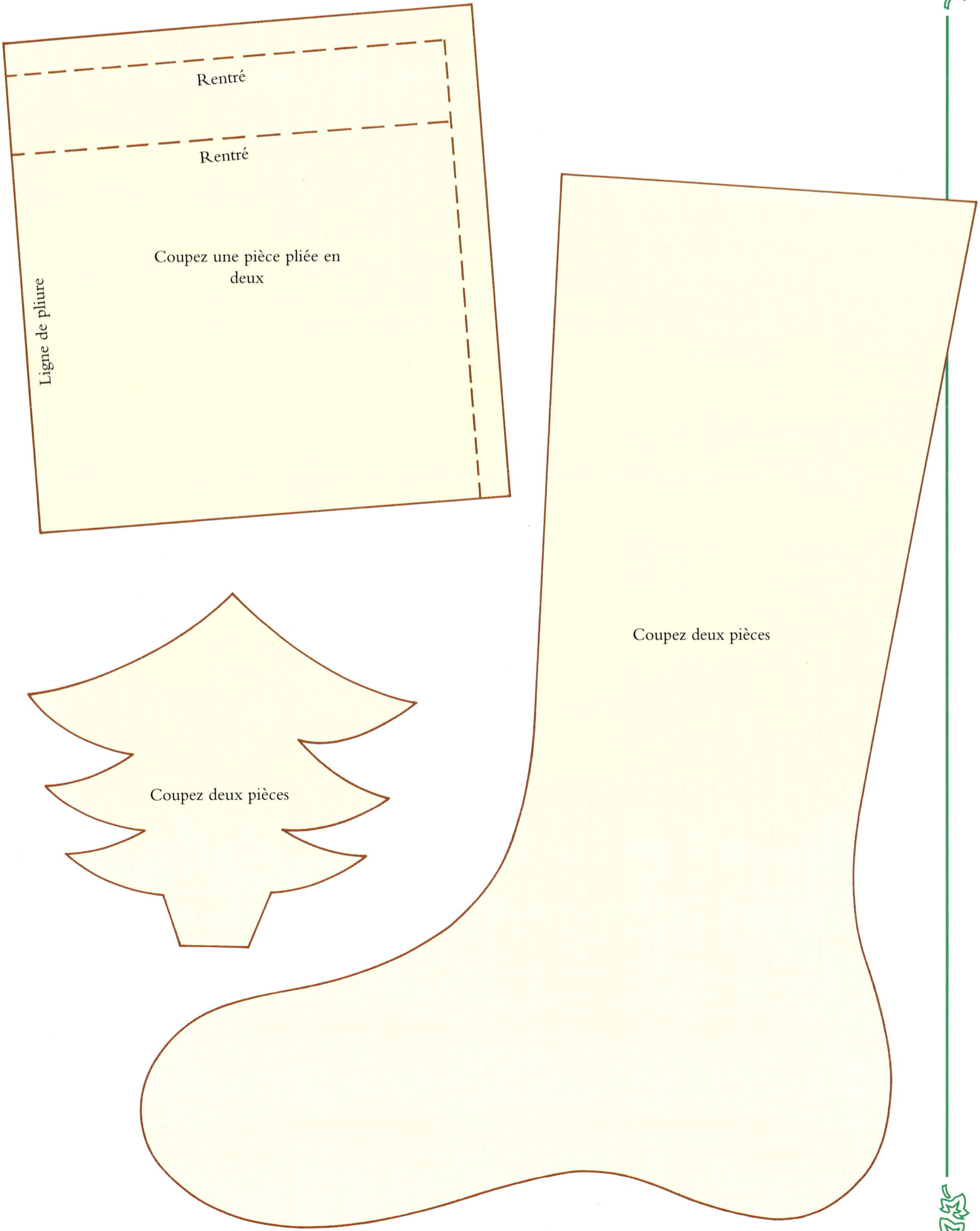
Rentré
Rentré
Coupez une pièce pliée en deux
Ligne de pliure
Coupez deux pièces
Coupez deux pièces

CI-DESSOUS : *Décorez l'arbre de Noël du revers avec toutes les paillettes, perles et étoiles dont vous disposez dans votre boîte à ouvrage, elles ajouteront de la couleur et de l'éclat.*

1 Découpez les deux pièces de la botte (patron p. 97). Assemblez-les et piquez sur le pourtour près du bord, en laissant le haut ouvert. Découpez le revers de feutrine blanche à l'aide du patron de la page 97.

2 Découpez deux arbres dans la feutrine verte et décorez-les avec des rubans, des étoiles dorées, des clochettes dorées ou argentées ou des perles (voir arbre de Noël p. 44-45). Piquez-les sur le revers.

3 Placez le haut du revers autour du bord supérieur de la botte, endroit contre endroit, et piquez. Coupez le surplus de feutrine pour aligner le revers avec la couture de dos.

4 Retournez le revers à l'endroit. Cousez une boucle de ruban vert en haut de la botte sur l'arrière. Enfilez le ruban rouge dans une aiguille à gros chas et à pointe fine et faites un surjet sur le pourtour de la botte.

5 Cousez un pompon à chaque extrémité des rubans rouge et vert, en piquant l'aiguille dans le milieu du pompon. Arrêtez le fil et coupez.

6 Pliez en deux les rubans à pompon et cousez-les ensemble à 2,5 cm environ de la pliure. Cousez le tout près de la boucle verte.

Revers à zigzags

À GAUCHE : *Ce revers à bord en zigzag, avec son treillis de rubans rouge et vert et ses clochettes, ornera de façon originale la botte présentée dans les pages précédentes. Amusez-vous à créer vos propres décorations*

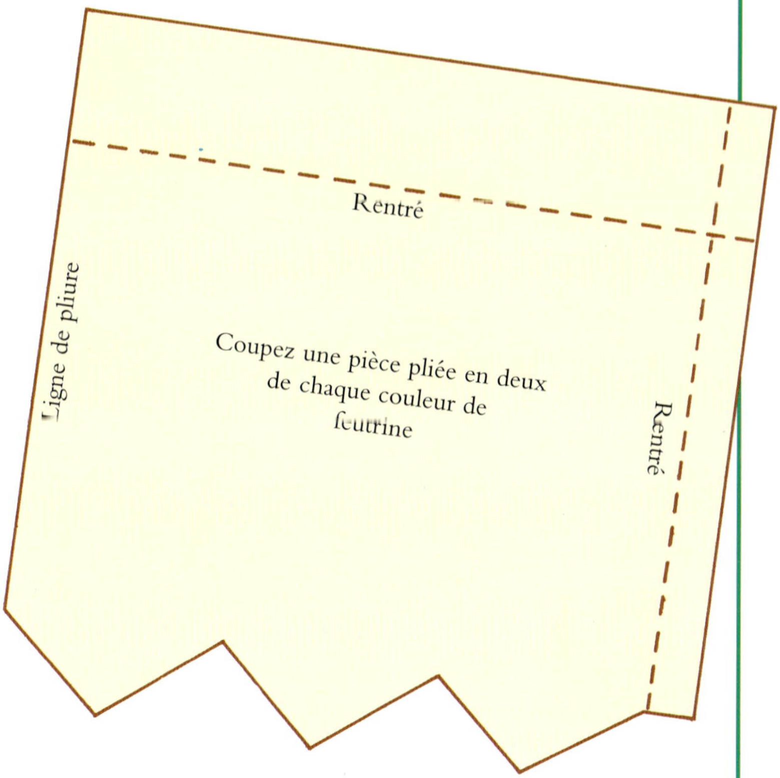

MATÉRIEL

Un carré de 30 × 30 cm de feutrine blanche à motifs (dessus du revers)

•

Un carré de 30 × 30 cm de feutrine rouge (dessous du revers)

•

Ruban rouge et vert, de 3 mm de large, pour la décoration du dessus du revers

•

2 grosses clochettes dorées et 12 petites clochettes argentées et dorées

•

30 cm de ruban rouge de 6 mm de large

•

35 cm de ruban vert de 6 mm de large

•

55 cm de ruban rouge de 6 mm de large

1 À l'aide du patron ci-dessus, coupez dans la feutrine blanche le dessus du revers. Maintenez fermement les deux épaisseurs pour découper le bord à zigzags, afin que la feutrine ne glisse pas.

2 Cousez les rubans rouge et vert en diagonale sur le revers, en utilisant les pointes du zigzag pour déterminer les angles. Coupez le surplus de ruban.

3 Continuez jusqu'à ce que les zigzags soient entièrement bordés de ruban, en coupant tous les fils et les bouts de ruban qui dépassent.

4 Coupez dans la feutrine rouge la deuxième partie du revers. Pliez la partie blanche endroit contre endroit. Fermez-la par une couture à l'arrière.

5 Retournez chacune des parties sur l'endroit. Insérez la partie rouge dans la blanche. Arrangez les bordures pour que les pointes soient à intervalles réguliers en quinconce et bâtissez.

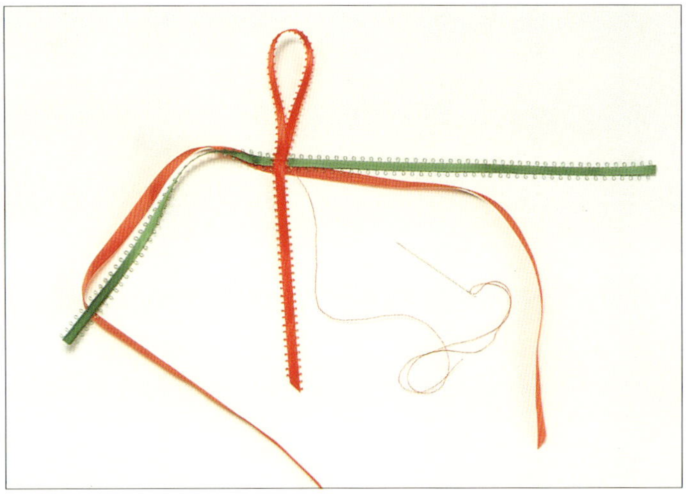

6 Pliez en deux le ruban rouge de 30 cm pour faire une boucle et cousez les rubans restants à 7,5 cm de la pliure.

7 Cousez la décoration de rubans à l'arrière du revers en piquant dans le milieu de la boucle. Arrêtez et coupez tous les fils.

8 Fixez les clochettes aux pointes du revers et à l'extrémité des rubans, en alternant clochette argentée et clochette dorée. Fixez le revers à la botte de Noël (voir étape 3, p. 98).

Guirlande de lierre

Cette guirlande de lierre offre une solution originale à l'éternel problème de Noël : comment faire pour exposer les cartes de vœux ? Vous pouvez l'utiliser aussi pour décorer une main courante ou une rampe d'escalier.

MATÉRIEL

- Longues tiges de lierre *(Hedera)*
- Une bobine de fil métallique
- 2 brins de 30 cm de feuilles panachées, avec des baies
- Fil de fer de fleuriste de moyen calibre
- 2 longueurs de 80 cm de ruban de mousseline de soie bleu-gris monté sur fil métallique et de 4 cm de large
- 2 longueurs de 45 cm de ruban rouge monté sur fil métallique et de 6 cm de large
- 2 bandes de voilage ou de tulle blanc, de 10 cm de large, d'une longueur égale à la hauteur de la porte
- 2 rubans bleu-gris montés sur fil métallique, d'une longueur égale à la hauteur de la porte
- 6 grenades séchées, vaporisées de peinture dorée. Pour sécher une grenade, évidez-la après en avoir sectionné la base.

1 Drapez le lierre autour de la porte en le punaisant sur le dessus et aux coins du chambranle. Relevez les longueurs en surplus et attachez-les en enroulant du fil de fer autour des tiges.

2 Recouvrez tout le tour de la porte en veillant à ce que la guirlande de lierre ait l'épaisseur voulue. Arrangez les feuilles en les tournant doucement sur leur tige de façon à ce que le dessus se trouve face à vous.

CI-DESSOUS : *Le ruban rouge vif est utilisé pour faire les deux nœuds flamboyants placés aux deux coins de la décoration. Il s'harmonise avec les baies rouges du rameau central de feuilles panachées.*

3 Réunissez deux tiges avec des feuilles panachées en faisant se chevaucher leurs bouts coupés. Fixez-les avec du fil métallique autour des extrémités. Placez le rameau obtenu sur le dessus de la porte, au centre de la guirlande.

4 Transpercez une grenade séchée avec un bout de fil de fer de fleuriste et repliez une des extrémités contre le fruit. Montez de cette façon les six grenades.

5 Réunissez trois grenades montées sur fil de fer et maintenez-les fermement. Enroulez un bout de fil de fer de fleuriste autour des tiges métalliques et entre chaque fruit pour consolider l'ensemble.

6 Prenez 80 cm de ruban bleu-gris monté sur fil métallique et enroulez-le autour de la tige des grenades, en ramenant les deux extrémités au-dessus des fruits. Faites un nœud à quatre boucles (voir p. 126).

7 Prenez 45 cm de ruban rouge et faites un nœud à deux boucles (voir p. 126). Fixez-le au dos du bouquet de grenades. Procédez de la même façon avec les trois autres grenades.

8 Nouez ensemble une bande de voilage et une longueur de ruban bleu-gris. Suspendez le tout sur un des côtés de la porte, par-dessus le lierre. Répétez l'opération pour l'autre côté de la porte.

9 Entrelacez de façon assez lâche le voilage et le ruban et nouez-les à la base. Fixez un bouquet de grenades dans chaque coin de l'encadrement de la porte.

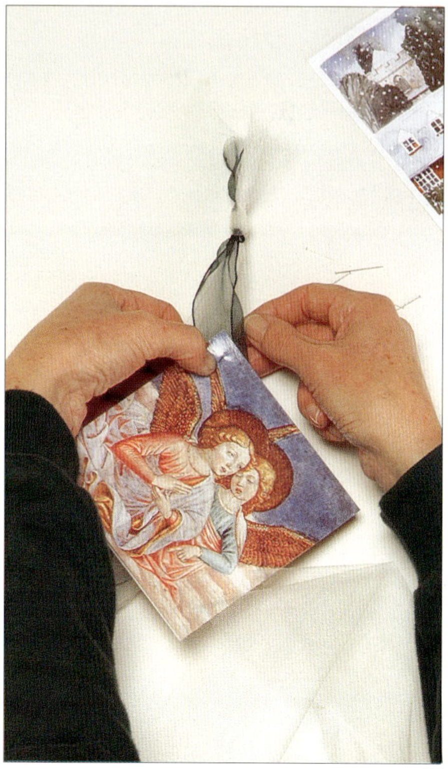

10 Épinglez les cartes de Noël sur toute la longueur des deux rubans entrelacés. Si vous avez de très jeunes enfants, il est préférable de remplacer les épingles par de la colle.

Guirlande de cheminée

Réalisée presque entièrement avec des feuilles et des fleurs séchées ou artificielles, cette attrayante guirlande conservera son aspect et ses couleurs pendant toute la période des fêtes. Vous devrez peut-être faire quelques ajustements mineurs une fois que la guirlande sera accrochée au-dessus de la cheminée.

CI-DESSUS : *La vigne séchée, disponible chez les fleuristes, forme la base de cette guirlande. Les quantités ci-dessous permettent de réaliser une guirlande d'environ 3 m de long ; mesurez la largeur au-dessus de votre cheminée pour déterminer la quantité de vigne dont vous aurez besoin.*

MATÉRIEL

3 m de vigne séchée
•
Fil de fer de fleuriste de calibre moyen
•
2 rubans dorés montés sur fil métallique de 90 cm de long et 6 cm de large
•
9 têtes de poinsettia (artificielles)
•
12 fleurs blanches d'hellébore (artificielles)
•
4 roses blanches (artificielles)
•
10 à 15 rameaux de feuilles rouges et vertes (artificielles)
•
14 à 16 têtes d'hortensia séchées
•
8 cônes de mélèze ou tout autre grand cône, vaporisés de peinture dorée
•
8 roses de papier jaunes et deux roses de papier brunes
•
1 bouquet de physalis
•
6 brins de baies rouges (artificielles)
•
4 branches de gui
•
6 branches de lierre à feuilles panachées

1 Mouillez la vigne séchée et étendez-la sur une planche de bois pour lui faire prendre la forme voulue en la fixant de chaque côté avec un clou. Laissez sécher 1 jour ou 2.

2 Faites passer un fil métallique de fleuriste dans le coin supérieur de la vigne, recourbez-le en cercle et entortillez les deux bouts pour obtenir une boucle. Répétez l'opération à l'autre coin.

3 Nouez une longueur de ruban doré monté sur fil métallique autour de la vigne, dans le coin supérieur gauche, sans recouvrir la boucle en fil de fer. Répétez l'opération à l'autre coin.

4 Faites un nœud à chaque coin. Égalisez les pans si nécessaire pour obtenir un joli nœud.

5 Placez une grosse tête de poinsettia au milieu de la guirlande et fixez-la avec un pistolet à colle. Appuyez légèrement sur la guirlande avec le bout des doigts jusqu'à ce que la colle ait séché.

6 Placez une petite tête de poinsettia de part et d'autre de la grosse et collez-les.

7 Collez une grosse tête de poinsettia au-dessous de chacun des nœuds, dans les deux coins de la guirlande. Collez des poinsettias plus petits au milieu et aux deux extrémités de la guirlande.

8 Disposez et collez une fleur blanche d'hellébore de part et d'autre de la grosse tête de poinsettia, au milieu de la guirlande.

CI-DESSUS : *Les roses blanches et les hellébores (roses de Noël) sont utilisées ici pour leur contraste avec les riches couleurs des autres éléments de la guirlande. Si vous ne pouvez pas vous procurer exactement les mêmes fleurs, choisissez des spécimens de couleur pâle et d'une taille similaire.*

9 Placez et collez une rose blanche sous chaque hellébore.

10 Sur chacun des côtés verticaux, collez une fleur d'hellébore de part et d'autre du poinsettia d'angle et une autre sous le poinsettia du milieu. Collez une rose blanche au-dessous du poinsettia d'angle.

11 Sur chacun des côtés verticaux, collez une fleur blanche d'hellébore entre le motif central et le coin de la guirlande.

12 Collez des brins de feuilles artificielles rouges entre le motif central de la guirlande et chacun des coins.

13 Collez deux têtes d'hortensia séchées au-dessus du motif central.

14 Collez les autres têtes d'hortensia tout autour de la guirlande, en les distribuant de façon régulière mais sans rechercher une symétrie trop stricte.

15 Collez un cône de part et d'autre du motif central et trois autres sur chacun des côtés verticaux de la guirlande. (Les cônes étant lourds, encollez à la fois les tiges et les cônes eux-mêmes.)

16 Collez une rose jaune de part et d'autre du motif central. Collez un bouquet de trois roses (deux jaunes, une brune) à mi-chemin des deux côtés verticaux, et une rose jaune au bout.

17 Collez quatre ou cinq brins de physalis sur chacun des côtés verticaux. Collez des brins de baies là où vous jugerez bon d'ajouter une touche de couleur, sur les côtés et dans la partie centrale.

18 Insérez quelques fleurs artificielles vertes là où vous jugez nécessaire d'apporter un contraste de couleurs. Prenez les quatre branches de gui et collez-les en éventail sous le motif central.

CI-DESSUS : *Ces feuilles dentées contrastent avec les formes plus rondes des autres éléments de la guirlande.*

19 Prenez les six petits brins de lierre panaché. Collez-en un de part et d'autre du gui, un autre dans les deux coins de la guirlande et un au milieu de chacun des côtés verticaux.

Panier à bûches

Assortis à la guirlande de cheminée décrite pages 104 à 107, les rouges et les oranges des poinsettias et des physalis rappellent les flammes et les braises du foyer. Attention aux proportions : la décoration ne doit pas être trop volumineuse.

CI-DESSUS : *Une tête de poinsettia artificielle est le point fort de cette décoration. Si vous n'arrivez pas à vous en procurer, substituez-lui toute autre grosse fleur ou bractée de couleur vive.*

MATÉRIEL

Fil de fer de fleuriste de calibre moyen
•
1 tête de poinsettia (artificielle)
•
2 fleurs blanches d'hellébore (artificielles)
•
2 grands cônes dorés à l'aérosol
•
5 roses artificielles (3 jaunes, 2 brunes)
•
2 petits brins de physalis, avec 2 ou 3 fruits par brin
•
6 à 10 feuilles vertes de poinsettia (artificielles)
•
Panier en osier

1 Tigez chacun des éléments en enroulant un bout de fil métallique de moyen calibre autour de la base ou de la tige. Laissez une longueur de fil de 10 cm environ.

2 Pour fixer le poinsettia sur le devant du panier, glissez les fils métalliques à l'intérieur, entortillez-les puis recourbez-les en les plaquant sur les parois du panier.

3 Piquez une fleur d'hellébore de chaque côté du poinsettia en procédant de la même façon.

4 Fixez les deux cônes dorés sous les fleurs d'hellébore.

5 Réunissez avec du fil de fer deux roses en papier jaunes et une brune, et insérez ce bouquet entre les cônes, juste au-dessous du poinsettia.

6 Réunissez avec du fil de fer les deux roses en papier restantes et fixez-les au panier juste au-dessus de la tête de poinsettia.

7 Fixez les deux brins de physalis aux deux extrémités de la décoration à côté des fleurs d'hellébore.

8 Insérez les feuilles vertes en tissu en les distribuant de façon régulière à la base de la décoration.

À DROITE : *La réussite de cette composition tient à la présence d'un élément décoratif central entouré d'éléments plus petits, mais en nombre suffisant, le tout formant un contraste plaisant avec le panier d'osier ainsi que le charbon et les bûches empilés à l'intérieur.*

Guirlande parfumée

Cette guirlande en forme de cœur est délicatement parfumée avec de l'essence de rose. Faite entièrement de feuilles et de fleurs artificielles, surmontée d'un oiseau doré et d'un élégant ruban rose, elle constituera un ornement raffiné sur n'importe quel type de porte intérieure.

1 Dessinez un cœur de grandes dimensions qui vous servira de gabarit. En suivant ce gabarit, pliez le fil de fer à clôture au milieu pour former la pointe du cœur.

2 En suivant toujours le gabarit, courbez le fil métallique pour lui faire prendre la forme du cœur, en travaillant de bas en haut.

MATÉRIEL

1,20 m de fil de fer à clôture
•
Fil de coton
•
Ruban adhésif
•
Une longueur de 1,20 m au moins de lierre (artificiel)
•
Une longueur de 1,20 m au moins de pommes de pin dorées
•
3 brins de baies (artificielles)
•
3 roses (artificielles)
•
Essence de rose
•
Fil de fer de fleuriste de calibre moyen
•
Un oiseau artificiel, doré à l'aérosol
•
2 m de ruban rose en mousseline de soie monté sur fil métallique et de 4 cm de large

CI-DESSOUS : *Des roses artificielles en soie peuvent avoir l'air très naturelles. Ici, elles sont légèrement parfumées avec de l'essence de rose, que l'on trouve dans n'importe quel magasin spécialisé.*

À DROITE : *Les roses aux tons délicats s'accordent à merveille avec la base en lierre. Les petits boutons de rose sont parfaitement adaptés à cette réalisation : la guirlande étant très mince, des fleurs plus grosses déséquilibreraient l'effet d'ensemble.*

3 Entrecroisez les deux bouts du fil de fer en haut du cœur et attachez-les solidement avec le fil de coton.

4 Recouvrez soigneusement l'ensemble du cadre en forme de cœur de ruban adhésif.

5 Enroulez le lierre artificiel autour du cadre. Rectifiez la position des feuilles au fur et à mesure afin qu'elles se déploient de façon harmonieuse et cachent autant que possible le ruban adhésif.

6 Enroulez la longueur de pommes de pin autour du cadre. (Si vous n'en trouvez pas, fixez sur le cadre, à l'aide de fil métallique, six fois trois pommes de pin vaporisées de peinture dorée.)

7 Placez les brins de baies artificielles à intervalles réguliers tout autour de la couronne et fixez-les en entortillant leur tige autour du cadre. Dissimulez le bout des tiges sous les feuilles de lierre.

8 À l'aide d'une pipette ou d'un pinceau fin, déposez de l'essence de rose à l'intérieur de chaque fleur.

9 Disposez les roses à intervalles réguliers autour de la guirlande, environ à mi-chemin des brins de baies, et fixez-les en entortillant leur tige autour du cadre.

À DROITE : *On peut acheter des longueurs de lierre artificiel dans certains grands magasins et dans les jardineries. Elles sont faciles à manipuler et présentent l'avantage, contrairement au lierre naturel, de ne pas sécher.*

10 Fixez l'oiseau en haut de la guirlande avec du fil de fer de fleuriste et assurez-vous qu'il est bien attaché. Recouvrez le fil de fer avec un morceau de ruban adhésif.

11 Passez le ruban autour de la partie supérieure de la guirlande et assurez-vous qu'il est bien centré. Nouez les bouts du ruban juste au-dessus du cadre, derrière l'oiseau.

12 Pour faire une boucle et suspendre la guirlande, mesurez 23 cm à partir du nœud et faites un autre nœud. Nouez ensuite les pans du ruban en une boucle.

13 Nouez les deux pans de la boucle et faites une deuxième boucle qui reposera en diagonale au-dessus de la première. Rectifiez la position des pans du ruban.

Couronne de Noël

Composée des feuillages de saison : houx, gui et lierre, cette couronne de Noël est un symbole de bienvenue pour les invités pendant la période des fêtes.

CI-DESSUS ET À DROITE : *Les nœuds et les clochettes dorés confèrent au riche feuillage vert sombre une tonalité de fête. Vous aurez peut-être à rectifier légèrement la forme de la couronne après accrochage.*

MATÉRIEL

Support de couronne de 50 cm de diamètre
•
35 cm de fil de fer de fleuriste de gros calibre
•
Lierre
•
Fil de fer de fleuriste de calibre moyen

Houx panaché
•
6 brins de petites baies (artificielles)
•
Gui
•
6 pommes de pin vaporisées de blanc

Houx vert foncé
•
3 à 5 brins de grosses baies (artificielles)
•
75 cm de ruban doré de 12 mm de large
•
9 clochettes dorées

1 Faites passer 35 cm de fil de fer de gros calibre dans le support de couronne et recourbez les deux bouts vers le haut.

2 Entortillez les deux bouts et repliez-les plusieurs fois en cercle pour faire une boucle d'accrochage. Enroulez le surplus de fil de fer autour de la base de la boucle pour la consolider.

3 Prenez quatre ou cinq brins de lierre de 9 cm de long et attachez-les en bouquet avec du fil de fer de fleuriste. Laissez dépasser 5 à 7,5 cm de fil de fer. Faites ainsi douze petits bouquets.

4 Fixez les bouquets de lierre en entortillant le fil de fer autour des petites branches du support. Tous les bouquets doivent être tournés dans la même direction.

5 Continuez jusqu'à ce que le support soit entièrement recouvert de lierre, en faisant se chevaucher les bouquets de façon à dissimuler les fils de fer.

6 Prenez deux ou trois brins de houx panaché de 15 cm de long et un brin de petites baies. Enroulez un fil métallique autour des tiges en laissant dépasser 5 à 7,5 cm de fil. Faites six bouquets.

7 Placez les bouquets de houx panaché tout autour de la couronne et fixez-les au support en procédant de la même façon que pour les bouquets de lierre (voir étape 4).

8 Attachez avec un fil métallique cinq ou six brins de gui, en laissant 5 à 7,5 cm de fil. Disposez quatre bouquets de gui à intervalles réguliers autour de la couronne.

9 Glissez un fil de fer de calibre moyen à la base de chaque pomme de pin et entortillez les deux bouts pour faire une tige. Faites trois groupes de trois cônes en entortillant leurs tiges métalliques.

10 Fixez les bouquets de cônes à la guirlande. Prenez un brin de houx vert foncé de 12,5 cm, et un petit brin de baies, attachez-les avec un fil de fer. Faites de trois à cinq bouquets.

CI-DESSUS ET CI-DESSOUS : *Les baies blanches du gui (ci-dessus) et le houx panaché de jaune d'or (ci-dessous) donnent de la lumière et du contraste à cette traditionnelle guirlande de Noël.*

11 Fixez les petits bouquets de houx et de baies tout autour de la couronne, en les disposant là où il faut une note de couleur supplémentaire.

12 Coupez le ruban doré en trois longeurs égales. Assemblez les clochettes trois par trois en passant un ruban dans leurs boucles. Terminez par un joli nœud.

13 Glissez un fil de fer de moyen calibre dans les boucles des clochettes et entortillez les deux bouts. Fixez les clochettes à la couronne en les disposant à intervalles réguliers.

14 Retirez toutes les feuilles et brindilles qui ne s'harmonisent pas avec l'ensemble et comblez les trous éventuels de la couronne avec d'autres brins de feuillage.

Arbre de Noël miniature

Cet arbre de Noël aux riches couleurs est la variante idéale du sapin traditionnel quand on a un petit appartement. Décoré de baies et de fruits artificiels, il trouvera facilement sa place sur une étagère ou sur un rebord de fenêtre. Une étoile et un ruban dorés apportent une touche de raffinement et d'élégance.

MATÉRIEL

Pot de terre vaporisé de peinture dorée
•
Un petit pain de glaise de fleuriste
•
Un cône de mousse synthétique de 30 cm de haut sur 10 cm de diamètre à la base
•
4 ou 5 brindilles de bouleau de 15 à 20 cm de long environ
•
Un pain de mousse synthétique
•
Lichen
•
25 à 30 feuilles artificielles de poinsettia, légèrement vaporisées de peinture dorée
•
Pistolet à colle
•
Colle universelle
•
Assortiment de fruits miniatures et de baies artificiels - pêches, prunes, pommes, baies rouges, cynorhodons
•
Zestes d'orange et de citron (voir p. 127)
•
Serpentins de ruban doré (voir p. 127)

Étoile dorée de 7,5 cm de haut
•
75 cm de ruban doré monté sur fil métallique et de 7,5 cm de large

À GAUCHE : *Choisissez des fruits de couleurs variées et pas trop grands. Vous trouverez des fruits et des feuilles artificiels dans les grands magasins et les jardineries, mais vous devrez sans doute réduire un peu les tiges à la taille voulue.*

1 Prenez le petit pain de glaise de fleuriste et malaxez-le jusqu'à ce qu'il soit suffisamment souple pour prendre la forme que vous désirez.

2 Appuyez sur l'argile pour l'enfoncer dans le pot. Le pain d'argile doit remplir au moins le tiers du pot, car il constitue les fondations de la composition. Il aura durci au bout de 2 ou 3 jours.

3 À l'aide d'un couteau à dessin, découpez un petit trou assez profond dans la base du cône de mousse. Il facilitera l'insertion de la brindille de bouleau à l'étape suivante.

4 Enfoncez une grosse brindille de bouleau dans le trou du cône de mousse. Assurez-vous que la brindille est bien positionnée au centre.

5 Enfoncez plusieurs brindilles plus minces dans le cône, autour de la brindille centrale, pour que le tronc soit bien solide. Calez le tronc dans la glaise au fond du pot.

CI-DESSOUS : *Les zestes peuvent être obtenus à partir de n'importe quel agrume – citron, citron vert, orange ou pamplemousse. En séchant, les zestes s'enroulent en volutes et prennent les formes les plus variées, offrant un contraste visuel avec la rondeur des fruits. Ils exhalent aussi un délicat parfum propre à la saison des fêtes.*

6 Découpez des petits morceaux dans le pain de mousse synthétique et disposez-les tout autour du tronc en appuyant fortement pour les enfoncer dans le pot. Vérifiez que le tronc et le cône de mousse restent bien à la verticale.

7 Une fois le pot rempli, étalez du lichen à la base du tronc en prenant soin de recouvrir toute la mousse.

CI-DESSOUS : *Les cynorhodons et les baies rouge vif rehaussent merveilleusement la composition. N'en abusez pas : le rouge est un ton dominant dont l'excès pourrait écraser l'arangement et détruire l'équilibre des couleurs.*

8 En commençant par le bas du cône de mousse, collez les feuilles artificielles jusqu'en haut. Les feuilles doivent se chevaucher légèrement mais il faut veiller à ne pas trop les serrer.

9 Continuez jusqu'à ce que le cône soit entièrement recouvert. Les feuilles légèrement dorées confèrent à la composition un aspect chamarré et luxuriant.

10 Disposez les prunes en les espaçant librement tout autour de l'arbre et collez-les au pistolet à colle. Réservez les fruits les plus lourds pour la base de l'arbre afin de ne pas surcharger le haut.

11 Ajoutez les grappes de pêches. Fixez les fruits les plus lourds avec un bout de fil métallique moyen, de la taille d'une épingle, que vous ferez passer dans leur tige avant de l'enfoncer dans le cône.

12 Disposez les grappes de pommes dans l'arbre en veillant à préserver la forme conique de l'ensemble.

13 Insérez les baies rouges et les brindilles de cynorhodon en les répartissant tout autour de l'arbre. Vérifiez périodiquement que l'arbre reste bien vertical.

14 Ajoutez les zestes et les serpentins de ruban doré, en laissant ceux-ci retomber naturellement sur les fruits et le feuillage.

15 Collez l'étoile au sommet de l'arbre, une pointe vers le haut.

16 Déposez un peu de colle sur le pot et collez le ruban doré juste au-dessous du bord. Faites un joli nœud à double boucle (voir p. 126). Assurez-vous que la taille du ruban est proportionnée à celle du pot et de l'arbre.

Arbre en éventail

Cette variante de l'arbre de Noël s'inspire des arrangements floraux japonais. La palette des couleurs est limitée et la structure minimaliste, c'est l'orange des physalis qui attire le regard.

1 Insérez la glaise de fleuriste dans le pot et appuyez fortement pour bien l'enfoncer. (Contrairement à la mousse synthétique, la glaise de fleuriste ne s'effrite pas et durcit au bout de 1 ou 2 jours.)

2 Placez le pot au milieu du carré de jute et et arrondissez celui-ci en coupant les angles du tissu. Déposez quelques gouttes de colle tout autour du bord intérieur du pot.

3 Repliez le jute par-dessus le bord du pot en rassemblant le tissu de la façon la plus régulière possible, et appuyez fortement contre le bord intérieur jusqu'à ce que le jute soit collé.

MATÉRIEL

Pot de terre de 10 cm de diamètre
•
Glaise de fleuriste
•
Un carré de 35 cm de côté de toile de jute
•
Pistolet à colle
•
Une botte de brindilles de bouleau naturelles
•
Une botte de brindilles de bouleau vaporisées en blanc argenté
•
Une botte de physalis
•
Une botte de monnaies-du-pape naturelles
•
Une botte de monnaies-du-pape vaporisées de peinture dorée
•
45 cm de ruban de papier vert

À DROITE : *Les couleurs orange et dorées de cette composition ressortent mieux sur un fond sobre.*

4 Positionnez une brindille de bouleau naturelle au milieu du pot en l'enfonçant dans la glaise. Disposez quatre ou cinq autres brindilles tout autour, en établissant la base de la forme en éventail de cette composition.

5 Insérez de huit à dix brindilles de bouleau blanc argenté. La position exacte n'est pas importante, mais essayez de les répartir de façon à ce que la composition soit équilibrée. Toutes les brindilles doivent être approximativement de la même longueur.

6 Insérez trois ou quatre brindilles de physalis sur le devant de la composition. N'en utilisez pas trop : l'orange est une couleur violente et la composition deviendrait aisément trop voyante.

CI-DESSUS : *Le physalis a de gros calices orange très ornementaux. Comme les disques des monnaies-du-pape, ils sont semi-transparents et seront du plus bel effet sur un rebord de fenêtre, avec la lumière qui filtre à travers.*

7 Insérez trois ou quatre monnaies-du-pape naturelles en les répartissant de façon équilibrée dans la composition. Leurs disques diaphanes ont une texture similaire à celle du physalis et forment un contraste saisissant avec les brindilles de bouleau.

8 Insérez de six à huit monnaies-du-pape dorées en les répartissant de façon équilibrée dans la composition. La couleur rehausse subtilement les tons chauds du physalis sans les écraser.

9 Rectifiez la composition si nécessaire, afin qu'elle soit harmonieusement équilibrée, et comblez les vides éventuels.

10 Nouez le ruban de papier vert autour du pot en faisant un double nœud. Le ruban et le jute sont tous deux d'une texture un peu rêche qui s'harmonise très bien avec les éléments naturels utilisés dans la composition.

11 Remplissez le pot avec des petits tortillons de ruban de papier afin de cacher la glaise de fleuriste et les bords grossièrement coupés du jute autour du bord intérieur.

À DROITE :
Dans cette composition, certaines brindilles de bouleau sont laissées naturelles, d'autres ont été vaporisées de peinture blanc argenté. Assurez-vous que toutes les brindilles que vous utilisez sont approximativement de la même longueur – 50 cm environ pour un pot de cette taille.

Techniques de finition

Faire un nœud à deux boucles

1 Prenez une longueur de ruban décoratif et nouez-la autour du paquet. Tenez une extrémité du ruban dans chaque main.

2 Faites une boucle avec une extrémité du ruban et maintenez-la fermement près du paquet.

3 Enroulez l'autre extrémité du ruban autour de la première boucle.

4 Faites passez l'extrémité du ruban dans la première boucle et serrez le nœud pour former une deuxième boucle. Ajustez les boucles et les pans.

Faire un nœud à quatre boucles

1 Prenez une grande longueur de ruban décoratif et nouez-la autour du paquet en serrant bien le nœud. Tenez une des extrémités du ruban dans chaque main.

2 Faites une petite boucle avec une des extrémités du ruban et maintenez-la fermement.

3 Faites un nœud à deux boucles et ajustez les boucles en laissant de côté les pans du ruban.

4 Placez les extrémités du ruban perpendiculairement par rapport aux deux premières boucles.

5 Faites une troisième boucle avec l'une des extrémités du ruban. Faites un second nœud avec le ruban restant.

6 Ajustez les boucles de façon à ce qu'elles aient la même taille en vérifiant qu'elles ne se chevauchent pas, et coupez si nécessaire le surplus de ruban.

Faire des serpentins

1 Prenez un morceau de ruban à cadeaux et coupez dans le sens de la longueur en vous arrêtant à 1 cm du bout.

2 Maintenez l'extrémité non coupée dans la main et passez une lame de ciseau sur une des bandes du ruban.

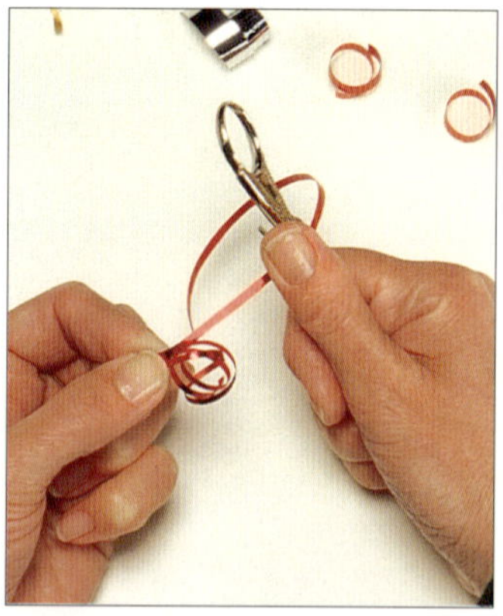

3 Répétez l'opération avec la seconde bande de ruban. Plus vous appuierez avec la lame du ciseau, plus le serpentin sera serré.

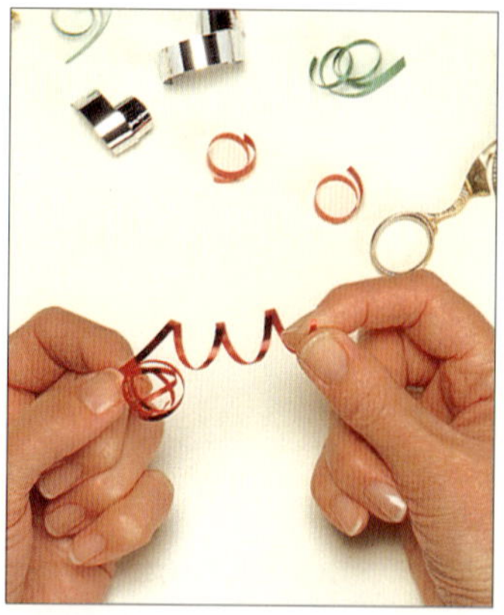

4 Tirez sur le serpentin pour obtenir l'effet désiré. S'il est trop serré, vous pouvez l'étirez légèrement pour qu'il se relâche.

Sécher des tranches de pomme

1 Coupez les pommes non épluchées en tranches de 6 mm d'épaisseur.

2 Plongez-les pendant 10 minutes dans de l'eau très salée pour qu'elles conservent leur couleur.

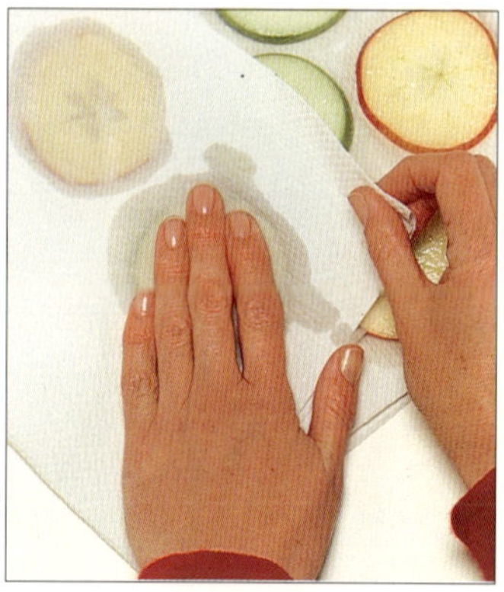

3 Retirez les tranches de pomme de l'eau salée et séchez-les sur du papier absorbant, en tapotant légèrement pour faire absorber l'humidité.

4 Enfilez les tranches sur un fil à l'aide d'une aiguille, en faisant des nœuds entre chaque tranche pour les séparer. Suspendez-les pendant 3 à 4 jours pour qu'elles sèchent.

Sécher des zestes d'agrume

1 À l'aide d'un couteau bien aiguisé, découpez des zestes en forme de spirale. Essayez si possible de ne pas casser la spirale.

2 Laissez dans un endroit sec et chaud pendant 2 à 3 jours. Le zeste, en séchant, va devenir dur et cassant et s'incurver légèrement.

REMERCIEMENTS

L'auteur tient à remercier toutes les personnes qui l'ont aidé à réaliser cet ouvrage.

Les directeurs de Collins & Brown ; Sarah Hoggett, dont le travail et l'enthousiasme nous ont été d'un grand secours ; le photographe Matthew Ward et ses assistants, Ashley Straw et Kirstie Ashton-Bell ; Deirdre Mitchell, qui a saisi le texte ; Suzanne Metcalfe-Megginson pour son aide au début de la réalisation du livre ; et enfin Adrian Waddington, de la société Watermark, et Claire Graham pour leur habileté en PAO.

Je remercie particulièrement Shirley Coleby pour son soutien, Helen Parsons et Beryl Miller, ainsi que l'illustrateur David Ashby, qui a dessiné tous les modèles de pochoir et les patrons.

Enfin, je remercie James et Anne Capon, qui nous ont permis de faire les prises de vue dans leur appartement, Tim Page, Barry Sartin et Peter Jones de la boutique Sloane Square, à Londres, pour le prêt des accessoires.

DÉCORS ET CRÉATIONS DE NOËL
publié par Sélection du Reader's Digest
Impression : Printer, Trento
Reliure : L E G O, Vicenza

PREMIÈRE ÉDITION

Achevé d'imprimer : août 1996
Dépôt légal en France : septembre 1996
Dépôt légal en Belgique : D.1996.0621.95

Imprimé en Italie
Printed in Italy